백제기악
百濟伎樂

백제기악보존회 편

東文選 文藝新書 338

백제기악
百濟伎樂

이 책은 충청남도와 부여군의 지원으로 출판되었습니다.

차 례

송건호 회장 인사말씀   7
윤준웅 문화원장 축사   9
심우성 한국민속극연구소장 축사   11

복원된 백제기악 탈   13
탈과 복식(탈의 역할, 춤의 종류)   51
연희 장면(줄거리)   103
백제기악보존회 발자취   125

백제인(百濟人)「미마지(味摩芝)」에 대하여   143
오국(誤國)의 위치에 대하여   153
일본 기악의 역사   172
교훈초(敎訓秒) 해제(解題)   185
한국의 기악 연구 자료   193
기악 재창조를 위한 시론(試論)   215

중국의 기악(伎樂)   285

인사 말씀

그동안 백제기악 복원을 위해 아낌없는 성원을 주신 복원위원님들께 진심으로 감사드립니다.

특히 바쁘신 중에도 동참하신 서연호 교수님, 권오성 교수님, 이애주 교수님, 박전열 교수님, 최장주 교수님, 유영대 교수님과 진두지휘하시고 일일이 모든 것을 챙겨 주신 심우성 선생님 정말 고맙습니다. 그리고 적극적인 지원을 해주신 충청남도지사님과 부여군수님께 감사드립니다.

백제 사람 미마지가 일본으로 귀화하여 일본의 젊은이들을 가르친 쓰치부다이(土舞臺)를 방문했을 때 늦게 찾아온 것이 죄송스럽고 송구스러웠으나 한편으로는 가슴 벅찬 희열을 느꼈습니다.

덴리대 학생들의 기악 공연 관람 도중 사회자의 말이 "1천 4백여 년 전 백제 사람 미마지가 우리에게 훌륭한 기악을 전해 주어 고맙게 생각한다"면서 오늘 그들이 우리 기악을 다시 보고자 이 자리에 참석하였다며, 많은 박수를 받았을 때 백제인으로서의 자부심을 느꼈습니다.

나라마다 독특한 역사적 민족 문화를 지니고 있다는 것은 특히 자랑 중의 자랑입니다. 특히 우리의 옛 역사 가운데 고구려·백제·신라, 옛 3국의 문화는 민족 문화를 오늘로 발전시킨 기본이 되었습니다.

백제의 옛 서울이었던 우리 부여는 백제인들의 자랑스러운 '탈놀이'인 '기악'의 중심이었던 곳입니다. '구두레'에 세워진 '미마지 사적현창비'는 기악의 본고장임을 확인해 주고 있습니다.

그 옛날 이웃나라 일본 사람들에게 '기악'을 가르친 '미마지'에 대한 고마움이 오늘날에도 일본의 학자, 연희인들에게 깊어져 가고만 있습니다.

어려움을 무릎쓰고 백제기악을 복원하기 위해서는 이 바닥의 큰 학자이신 이혜구 박사의 논문 〈산대극과 기악〉과 한국민속극연구소 심우성 소장의 〈기악 재창조를 위한 시론〉이 기본적인 참고가 되었습니다. 뒤늦기는 했지만 백제의 후예 우리 부여 사람들이 중심이 되어 관련 학자와 연희자들이 다 함께 손잡고 그의 복원을 위하여 힘을 다하고 있습니다.

백제의 문화, 예술 가운데 자랑거리의 하나인 '백제기악'을 되살려 우리 고장을 찾는 국내외 관광객들에게 자랑스러운 볼거리로 제공함을 물론이요, 후세에게도 길이 전하게 되기를 마음 깊이 소망하는 바입니다.

그동안 어려움도 있었고 시행착오도 겪으면서 날짜가 다소 지연되었으나, 우리 보존회원들이 열심히 따라주고 연습에 적극 참여하여 제52회 백제문화제에 선보인 바 있습니다. 계속해서 부족한 점을 더욱 보안하고 갈고닦아 모든 사람들로부터 박수를 받도록 열심히 노력하겠습니다.

그동안 도와주신 모든 분들게 감사드립니다.

2007년 1월 백제기악보존회
회장 송건호

우리 고장의 문화재를 되살리고 있습니다

　백제의 고도 부여 땅에 우뚝 서 있는 미마지사적헌창비(味摩之事蹟軒凼卑)는 우리 고장의 큰 자랑이 아닐 수 없습니다.

　지난 2004년 10월 10일 '제50회 백제문화제'가 열린 백마강변 구드래 큰 무대에서는 일본에서 온 덴리대학생 42명이 먼저 백제기악탈춤을 땀 흘리며 추어 보여주었습니다. 이어서 부여 토박이들이 되살린, 역시 같은 42명이 함께 한 백제기악탈춤은 관중들의 가슴을 뭉클게 한 감동을 주었습니다.

　그후 백제기악보존회 회원 일동은 심신을 다하여 오늘에 이르기까지 우리 고장의 소중한 문화재를 되살리기 위하여 온갖 정성과 혼신의 힘을 다 하고 있습니다.

　또한 전국적으로 무형문화재로 지정되어 있는 각종 탈놀이가 무수히 많습니다만 아직까지도 우리 충청도에는 단 하나도 지정되어 있지 못했는데, 이제는 서서히 귀중한 탈놀이가 되살아나고 있습니다.

　특히 백제기악 복원에 지대한 관심과 갖가지 지원을 아끼지 않으시는 김무환 군수님과 백제기악보존회 송건호 회장의 헌신적인 노력으로 지난 10월1일 '제52회 백제문화제' 때 발표한 백제기악탈춤을 보면서 그의 탈, 의상, 대소 도구와 춤…… 모두가 한결 같이 훌륭한 탈춤이었다고 생각합니다.

문화유산을 보존 발전시키려는 문화재청은 물론이요, 우리 충청남도청과 부여군 모두가 하나로 손잡고 백제고도 부여 땅에 백제기악탈춤을 육성 발전시켜 주시기를 기대합니다.

각자의 생업도 잊은 채 탈을 쓰고 구슬땀을 흘리는 보존회 회원 여러분들의 노고는 우리 고장의 문화예술 발전에 큰 밑거름이 될 것으로 믿어 마지않으며 회원 모두의 건승하심을 기원합니다.

감사합니다.

2007년 2월 부여문화원장 윤준웅

'백제기악'이 살아나고 있습니다

우리 민족의 자랑스런 연극 유산의 하나인 백제 시대의 탈놀이 '기악'은 그동안 전하는 자료의 부족과 연극계 학계의 무관심으로 자칫 잊혀져 갈 것만 같았습니다.

그러나 다행히도 원로학자 이혜구(李惠求) 선생님의 '산대극과 기악'을 비롯하여 몇몇 분의
기악과 관련된 논문들이 되살아날 귀중한 씨앗이 되었습니다. 이들 씨앗을 기초삼아 지난 2006년초 백제기악보존회 송건호 회장과 본인이 일본 나들이를 했습니다.

이웃나라 일본에서 '기악'을 복원하고 있는 나라현(奈良縣) 덴리대학(天理大學)을 방문했고, 백제 무왕 13년(서기 612년)에 백제 사람 '미마지'가 일본으로 '기악'을 전한 옛터 사쿠라이(櫻井)에 있는 쓰치부다이(土舞臺)도 갔었습니다.

덴리대학 '아악반' 단원들에게 '기악'을 연출을 담당하고 있는 '사토 고오지(佐藤浩司)'교수와 학생들의 기악 솜씨를 보면서 부럽기만 했습니다.

2003년에는 김무환 부여군수의 지원을 받아 보존회 회원과 부여군 관련 공무원이 '쓰치부다이'와 덴리대학 '아악반 연습실'을 방문함으로써 일본에서 뿌리 내리고 있는 기악의 현장을 확인하기에 이르렀습니다.

2004년 10월 10일, 부여군이 '제50회 백제문화제'를 주최하면서 덴리대학 '기악공연단'을 초청하는가 하면, 부여 토박이들이 새로이 되살린 '백제기악'을 한자리에서 발표하게 한 것은 자랑스러운 일이었습니다. 더욱 그 발표한 자리가 구드레 백마 강변이었음은 뜻이 깊습니다.

바로 이곳에 일본으로 '기악'을 전한 일물을 기리는 미마지사적현창비(味摩之事蹟顯彰卑)가 서 있으니, 발표회를 마친 후 양국의 기악꾼들은 늦도록 이야기를 나누며 사진도 찍었습니다. 이 자리에는 여기까지 오도록 이론적·실제적 길을 열어 주신 권오성·서연호·이애주·구중회 교수 등 여러분이 함께했습니다. 어언 2년 전의 일이고 보니 세월도 빠르군요.

그후로도 '백제기악보존회'가 한 일은 많습니다.

탈·옷·악기·대소 도구를 새로 만들고 찾는 데 힘을 다했습니다. 특히 훌륭한 기악탈을 만든 이한수의 솜씨는 놀랍기만 합니다.

올 10월 1일, '제52회 백제문화제'에서 선보인 '백제기악'은 잘 정리된 것이었습니다. 이제는 소중한 가치를 인정하여 충청남도와 관련 학계는 '백제기악'의 앞길을 열어 주어야 하겠습니다.

끝으로 이 책에 소중하고도 소중한 〈중국의 기악에 관한 고찰〉을 발표해 주신 공주대학교 구중회 교수님 고맙습니다. 앞으로 동양 3국의 기악을 연구하는 데 귀한 자료가 되겠습니다.

'백제기악보존회' 회원 여러분! 그동안 참으로 수고가 많으셨습니다.

2007년 1월 한국민속극연구소장

심우성

복원된 백제기악 탈

탈제작:
이한수

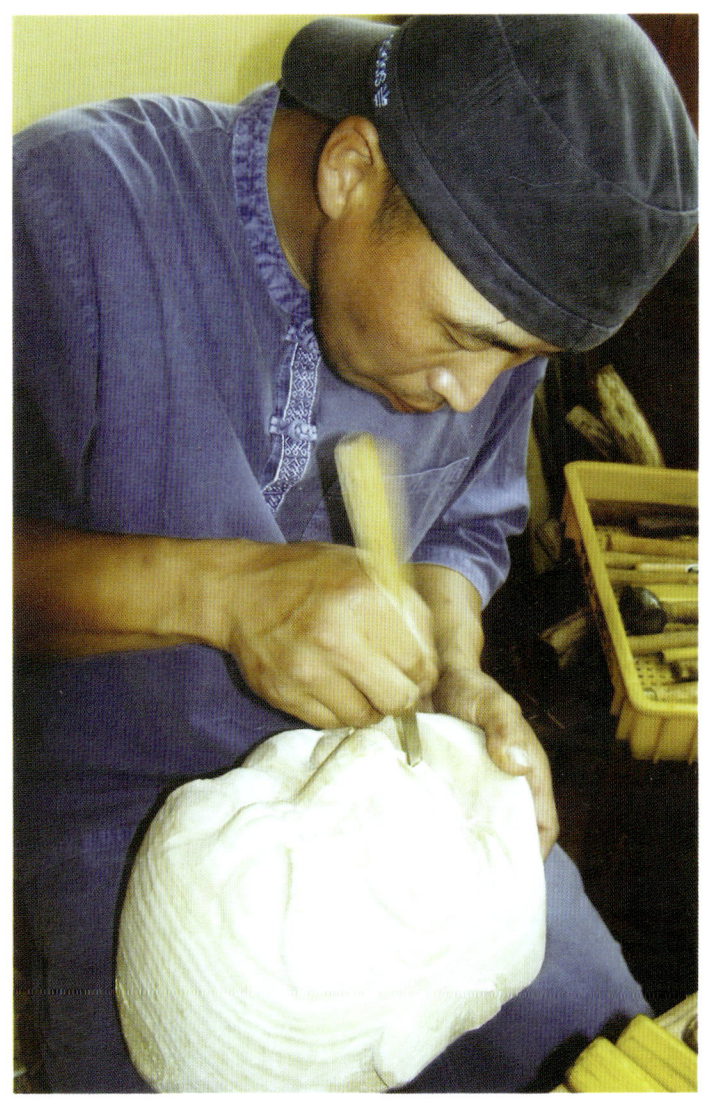

탈제작: 이한수

가루라

오 공

금 강

취호종

바라문

태고아

태고부

취호종

사자아

역 사

취호종

취호왕

치 도

곤 륜

오 녀

사 자

사 자

탈과 복식

복식제작:
김미령

치 도

벽사 역할이다.
길놀이의 인솔자다.
대원들을 잘 이끌어서 놀이판으로 연결한다.

오 공

오나라의 왕 또는 귀인이다.
오공의 몸짓에 따라 악을 울리기도 하고 그치기도 한다.
놀이패의 앞잡이다.

취호왕과 취호종

외래인이라고도 하며 술취한 사람이다.

정사는 아랑곳하지 않고 늘상 먹고 노는 데에만 종들을 데리고 주력한다.

왕의 체통을 갖추려 하나 술취한 종들에 의해 깨지고 급기야 병들어 눕게 된다.

사자아와 사자

사자아는 두 마리의 사자를 이끌고 나와 사자 놀이판을 벌인다.

행사의 성격에 따라 춤의 기예가 다양한데 그 뿌리를 기악에 두는 것이 통설이다.

사자의 털은 오색이며 사자의 구실은 관중의 시선을 놀이판으로 끌어들이며 부정을 씻고 성스런 장으로 만드는 의식무이다.

가루라

불경에 나오는 상상의 영조인 금시조를 말한다.
머리는 새이고 몸은 사람 형상인데, 부리는 불꽃을 내뿜고 용을 잡아먹는다고 하며, 인도 신화에서는 독사를 잡아먹는 영조로 숭배되고 있다.
가루라의 부리는 소옥을 물고 있다.
교훈초에는 빠른 손춤이라 기록된 점을 미루어 매우 역동적인 춤사위를 구사한다.

금 강

사찰의 입구 좌우에 서 있는 수문장이다.

원래 금강역사는 한 사람을 가리키는 말인데, 기악에서는 금강과 역사는 둘로 나뉘어져 구별된다.

완력이 강한 인물로 불법수호자다.

곤 륜

파괴승과 같이 탈선한 인물이다.

불교적 지식이 많고 지위가 높으나 그의 탈선은 극에 달하여 남근을 내놓고 오녀를 희롱한다.

그러나 역사로 인하여 남근이 부서지는 응징을 받는다.

오 녀

유일한 홍일점이며 오국의 왕비 또는 공주로 본다.
바라문과 곤륜에게 추파를 던지며 돈과 비단을 얻으나 곤륜의 패륜적 행위로 인하여 곤욕을 치른다.

바라문

4대 성씨에 해당되는 귀족이며 재산과 학식과 지위가 높다. 그러나 미색에 빠져 농탕질로 재산·학식·지위 모두 잃게 되고 급기야 놀이판에서도 쫓겨난다.

역 사

불법의 수호자이며 금강저를 들었다.
그것을 이용하여 응징도 하고 바로잡기도 한다.
패륜이 된 곤륜의 남근을 부러뜨리는 응징을 가한다.

태고부와 태고아

불심이 강한 노인이다.
아들을 데리고 나와 불전에 참배하고 아들과 예불을 한다.

악사들

버나

89

목나팔

죽방울

탈의 역할

1. 오공
판놀이의 시작을 알리는 배역으로 놀이패의 앞잡이다. 부채를 들고 악을 그치게도 하고 시작하게도 하며 오늘의 놀이판이 잘 이루어지기를 사방신께 고한다.

2. 취호왕
백성들의 안위는 생각하지도 않고 늘 먹고 즐기는 데 열중한다.
왕은 그 체통을 지키려 하나 술 취한 종들에 의해서 체통은 깨지고 급기야는 병이 들어 쓰러진다.

3. 가루라
금시조 묘시조다.
음악과 춤추기를 즐기며 용을 잡아먹는다. 또한 사람의 몸에 붙어 있는 해롭고 나쁜 것들을 잡아먹어 병을 낫게 하는 영조이다.

4. 금강
건강하고 활달하며 기를 자랑한다.
가루라로 하여금 병이 난 취로왕을 치료하게 한다.

5. 바라문
재산이 많으나 오녀의 미색에 빠져 재산을 탕진한다.

6. 곤륜
지체 높고 학문이 깊으나 오녀를 보고 마음이 동하여 남근을 내놓고 노골적으로 오녀를 희롱하다 역사의 응징을 받는다.

7. 역사
곤륜과 연결된 내용이며 금강저를 들고 활달한 춤을 춘다. 곤륜의 오만함을 응징하기 위해 곤륜의 남근을 묶어 조로를 돌리고 마침내 절단을 낸다.

8. 태고
불심이 아주 높은 노인이다.
태고아를 데리고 나와 예불을 드린다.

9. 사자
벽사의 역할이다.
사자가 춤을 추면 신성하게 된다.
2마리의 사자가 춤을 춘다.

전체 줄거리

마당	거리	명칭	문 요 약
오공	첫째거리	길놀이	깃발·취도·사자·춤꾼, 죽방울·버나·악사·풍물 등
	둘째거리	탈고사	조헌·독축·아헌·종헌·철상
	셋째거리	오공	악을 지휘하며 사방신께 고한다. 인물탈 모두 나와 기본춤을 춘다.
곤륜	넷째거리	취호	백성을 보살피지 않고 늘 먹자판을 즐기는 취호왕은 품위를 유지하려하나 종들이 술에 취하여 이성을 잃고 경거망동 하여 취호왕은 망신을 당한다. 급기야 병이 나서 쓰러진다.
	다섯째거리	가루라	음악과 춤추기를 즐겨하는 가루라가 금강에 의하여 취호왕을 치료하고 화합한다.
	여섯째거리	바라문	오녀의 춤과 미색에 반하여 비단과 돈으로 환심을 사려하나 신분이 높은 곤륜에 의해 성사를 이루지 못하고 쫓겨난다.
	일곱째거리	곤륜	지위가 높고 지식이 많은 곤륜이 오녀에 반하여 이성을 잃고 남근을 자랑하며 오녀를 희롱하다 역사의 응징을 받는다.
사자	여덟째거리	태고	불심이 강한 태고부가 태고아를 데리고 나와 무릎을 꿇게 하고 예불을 드린다.
	아홉째거리	사자	벽사의 역할을 하는 사사 두 마리가 사자이의 지시로 갖가지 춤을 춘다. 사자가 춤을 추는 곳은 모든 액을 몰아내고 신성하게 한다.
	열째거리	무덕악	연회를 끝내고 모두 나와 관객과 여흥을 즐긴다.

춤의 종류

사자춤	가루라춤	기본춤
1. 다스림	1. 비상	1. 사스림
2. 답지지양	2. 좌우전후상	2. 열림
3. 꽃나비	3. 먹이상	3. 내침
4. 고사리 꺽기	4. 외발상	4. 하상
5. 좌우치기	5. 돌림상	5. 어깨치기
6. 전후치기	6. 관찰상	6. 돌림채
7. 앉은 걸음	7. 윗상	7. 어깨걸이
8. 상면	8. 찌검상	8. 열림고개치기
9. 업고 놀기	9. 고침상	9. 엉덩이치기
10. 입상	10. 날개상	10. 연풍대
		11. 거드름
		12. 후치기
		13. 고개치기

연희 장면(줄거리)

지도:
권오성, 서연호, 이애주,
박전열, 유영대, 최창주, 조택구,
윤구병, 심우성, 송건호

길놀이

먼저 소리를 고르게 하는 조율을 한다.
판놀이가 이루어지는 것을 알리기 위하여 행진하는 것을 길놀이라고 한다.
길놀이 순서 : 기수, 사자, 춤꾼, 악사, 연기자, 타악기

탈고사

　탈놀이가 잘 이루어지기를 바라며 먼저 가신 선배님들의 명복을 빈다.
　* 초헌 독축 아헌 종헌 철상

오공거리

오공이 부채를 들고 춤을 추며 등장한다.
악사를 향해 부채를 들고 지휘한다.
사방신께 절하고 탈놀이가 시작됨을 고한다.
연희자 일동이 나와서 춤을 춘다.

취호거리

　취호왕은 백성들의 안녕은 생각이 없고 종들만 데리고 술과 음식으로 늘 먹자판을 벌인다.
　왕은 그 속에서도 체통을 지키려 하지만 술 취한 종들이 아수라장을 만든다. 종을 죽이려하나 결국 용서를 하고만 왕은 병이 나 쓰러지게 된다.

가루라거리

　가루라는 음악을 좋아하며 춤추기를 즐거이 한다.
　금강이 나타나서 쓰러진 취호왕을 낫게 하려고 하나 죽어야 된다며 관심을 보이지 않고 춤만 춘다.
　금강의 간곡한 부탁으로 취호왕의 몸에 있는 나쁜 병을 쫓아 일어나게 하고 화합한다.

바라문거리

바라문은 오녀의 환심을 사기 위해 멋진 춤도 춰 보이고 비단뭉치도 주지만 뜻대로 되지 않자 돈 한 꾸러미를 주고도 다섯 곱절을 더 주기로 하고 접근하지만 끝내 성사를 이루지 못하고 비단과 돈만 뺏기고 쫓겨 나간다.

곤륜거리

바라문을 쫓아내고 오녀를 독차지하려 한다.

힘으로 오녀를 농락하려 하나 그것도 안 되어 급기야 남근을 내놓고 패륜을 저지른다. 역사가 등장하여 남근을 묶어 조로를 돌리고 응징한다.

태고거리

태고부는 태고아를 데리고 불당에 나와 태고부는 음악을, 태고아는 바라춤으로 공양하고 예불을 한다.

사자거리

두 마리의 사자가 사자아에 이끌려 춤을 춘다.
땅을 즉 지신을 밟듯이 답지지양을 3번 되풀어 꽃나버장단 고사리적기, 좌우전후치기, 앉아걷기, 업고놀기, 입상 등의 춤을 춘다.

무덕악거리

연희가 모두 끝나면 춤꾼들 모두 나와 합동춤을 추고 관객과 어울러져 뒤풀이로 즐긴다.

백제기악보존회
발자취

복원위원회의를 마치고

탈제작자: 이한수

구드래 미마지 현창비에서 연희자들

탈제작자: 이한수

백제기악보존회 발자취

1. 창립 총회: 2001년 11월 23일

2. 제 1회 탈춤 복원을 위한 강습회
   때: 2002년 4월부터 5월까지(2개월간)
   장소: 부여문화원
   특강: 심우성(백제기악의 이해)

3. 일본 백제기악발표회 참관
   때: 2004년 2월 24일부터 27일까지(3일간)
   장소: 일본 천리시 천리대학
   참가자: 심우성(한국민속극연구소장), 송건호(보존회장)

4. 일본 기악 공연 참관
   때: 2004년 5월 4일부터 6일까지(3일간)
   장소: 천리시 약사사
   참가자: 박종배(부여군 문화관광과장), 추정오(예술계장), 송건호
   (보존회장)

5. 부여백제기악(미마지탈춤)보존회 발대식
   때: 2004년 7월 7일

장소: 정림사지 유물전시관

참가자: 회원 40여 명

내빈: 김무환(부여군수), 심우성(한국민속연구소장)

6. 제2회 백제기악 복원을 위한 강습회(사자춤)

때: 2004년 7월 10일부터 9월 10일까지(2개월간)

장 소: 정림사지 유물전시관

참가자: 보존회원 40여 명

내용: 사자춤 외 율동

7. 백제기악 탈제작

때: 2004년 5월부터 9월까지(4개월간)

탈제작자: 안상춘(탈 디자인 대표)

8. 백제기악 의상 제작

때: 2004년 7월부터 9월(2개월간)

장소: 한국민속극연구소 의뢰

종류: 사자탈 2범 외 15벌

9. 백제기악 공연

때: 2004년 10월 10일

장소: 50회 백제문화제 주무대

참가자: 회원 40여 명

내용: 보존회원 사자춤(42명) 일본 천리대생(42명) 기악 공연

10. 제4회 백제기악 복원을 위한 학술세미나

　　때: 2004년 10월 10일

　　장소: 부여국립박물관

　　주제 발표자: 심우성(한국민속극연구소장), 이애주(서울대 교수), 서연호(고려대 교수), 사토코지(일본 천리대 교수), 통역 박해순

11. 백제기악탈 특별전시회

　　때: 2004년 11월 20일부터 2005년 1월 23일까지

　　장소: 공주민속박물관

　　후원: 문화관광부

　　제목: 숨어 있는 탈 이야기전

12. 일본 백제기악발표회 참관

　　때: 2005년 1월 25일부터 28일까지(4일간)

　　장소: 일본 천리대학교

　　참가자: 심우성(한국민속극연구소장), 송건호(보건회장), 안상춘(백제탈 제작사)

13. 복원을 위한 모임

　　때: 2005년 6월 15일 12시

　　장소: 공주민속극박물관

　　참가자: 심우성, 김미령, 안상춘, 서연호, 권오성, 송건호, 장순호, 이석순 외 다수

14. 복원위원회 결성

때: 2005년 7월 10일 12시

장소: 서울 인사동(이모식당)

위원: 심우성, 서연호, 이애주, 권오성, 박전렬, 유영대 , 김미령, 윤준웅, 최창주, 여환정, 김광선, 조택구 , 송건호, 최인향

15. 백제기악 복원준비위원회

때: 2005년 7월 19일 16시

장소: 중앙대학교 대학원

참가자: 심우성, 권오성, 박전렬, 유영대, 김미령, 송건호, 장순호

16. 보존회 사무실 개설

때: 2005년 8월 16일

장소: 부여군 부여읍 동남리 705번지

17. 실행위원회

때: 2005년 9월 4일

장소: 서울 인사동

참석자: 심우성, 김미령, 이애주, 송해은, 송건호, 김낙범

제목: 춤과 음악의 해결

18. 실행위원회

때: 2005년 12월 9일

장소: 부여보존회 사무실

참석자: 이애주, 심우성, 송건호, 송해은, 김낙범, 김미령 외
　　　　회원 다수

제목: 연희, 춤, 의상, 탈

19. **탈춤 연습 시작**

　　때: 2005년 12월 2일부터(매주 2회 수요일, 목요일)

　　장소: 보존회 사무실

　　대상자: 전회원

20. **실행위원회**

　　때: 2005년 12월 16일

　　장소: 서울 인사동(이모식당)

　　참석자: 심우성, 이애주, 송건호, 송해은, 김미령 등

21. **추진위원회**

　　때: 2005년 12월 20일

　　장소: 서울 인사동

　　참석자: 심우성, 이애주 송건호

　　내용: 추진위원회

22. **연희본**

　　때: 2005년 12월 24일

　　장소: 성문동 찻집

　　참석자: 이애주, 송건호

23. 연희본 제작

    때: 2005년 12월 30일

    장소: 복원회 사무실

    참석자: 심우성, 이애주, 송건호, 장재권, 유재순, 신인철, 강신향, 장순호, 이석순 외 회원 21명

    내용: 이애주 연희본 제작 설명

24. 실행위원회

    때: 2006년 1월 17일

    장소: 복원회 사무실

    참석자: 송건호, 장재권, 장순호, 박현재, 심영순, 현달수 , 김호자, 김창열, 김정예, 서경아, 김관섭, 장필수

25. 탈 제작 회의

    때: 2006년 1월 21일

    장소: 복원회 사무실

    내용: 이한수와 탈 제작 의뢰

26. 백제기악탈 CD제작

    때: 2006년 1월 22일

    장소: 공주민속박물관

    내용: 백제기악탈 CD제작, 스켄 작업

27. 탈춤연희 연습 시작

    때: 2006년 4월 20일(월, 화, 수, 목. 주4회)

장소: 백제역사재현단지 광장
대상자: 전회원 55명

28. 탈춤 특강
　　때: 2006년 6월 15일
　　장소: 보존회 사무실
　　대상자: 전회원
　　강사: 한국예술종합학교 최창주 교수

29. 제 52회 백제문화제 발표
　　때: 2006년 10월 1일 11시 30분
　　장소: 구드래 주무대
　　참가자: 전회원

백제기악복원준비위원회 명단

고문   심우성(한국민속극연구소장)
       서울 종로구 관훈동 74번지
       02-725-1117

위원장   윤준웅(부여문화원장)
       충남 부여군 구아리 21
       011-424-1188, 041-835-3355

간사   박전열(중앙대 교수)
       경기도 고양시 일산구 마두동 1002
       011-230-6012, 02-820-5121

위원   김미령(한국민속극연구소 연구실장)
       서울 종로구 관훈동 74번지
       02-725-1117

위원   권오성(한양대 교수)
       서울 종로구 내수동73 경희궁의아침Ⓐ4단지 1707
       011-315-7371, 02-573-7371

위원	서연호(고려대 교수)
	서울 성북구 길음1동 뉴타운래미안3차 611-301
	011-1736-0773, 02-914-0773

위원	이애주(서울대 교수)
	경기도 과천시 갈현동 236-3, 3층
	011-9757-7801, 02-880-7801

위원	유영대(고려대 교수)
	서울 서대문구 홍은1동 벽산Ⓐ 114-301
	011-496-1258, 02-355-3779

위원	최창주(한국예술종합학교 예술원장 연희과장)
	경기도 광주시 목동 309-41 문형마을
	011-9720-6300, 02-958-2532

위원	여환정(대전일보 기자)
	충남 부여군 부여읍 동남리 252
	011-424-0707

위원	김광선(부여군 전 문화재 계장)
	충남 부여군 장암면 정암리
	016-9444-7131, 041-836-7333

위원	조택구(지방문화재 제4호)
	충남 부여군 세도면 청송4리
	011-9822-1457, 041-832-7454

위원	송건호(백제기악보존회장)
	충남 부여군 규암면 반산리 무지개Ⓐ 104-403
	017-474-6789, 041-835-2992

위원	송해은(전 도청 예술계 사무관)
	대전광역시 부사동 209-75
	017-318-2921

위원	이한수(탈제작가)
	충남 청양군 청남면 중산리 509
	010-6425-1619, 041-942-7834

백제기악 논문

심우성(한국민속극연구소장)
권오성(한양대 교수)
서연호(고려대 교수)
이애주(서울대 교수)

백제인(百濟人) 「미마지(味摩之)」에 대하여

　　백제인(百濟人) 미마지(味摩之)가 귀화(歸化)했다. 그는 오(吳)나라에서 배워서 기악무(伎樂舞)를 출 수 있다고 말했다. 그래서 사쿠라이〔櫻井〕에 살게 하여 소년들을 모아 기악무(伎樂舞)를 가르치게 했다. 그때 마노노오비도데시〔眞野首弟子〕와 이마키노아야히도사이몬〔新漢濟文〕의 두 사람이 춤을 배워서 전수(傳授)했다. 이것이 지금의 오오치노오비도〔大市首〕·사기다노오비도〔辟田首〕 등의 선조다.

　　…又百濟人味摩之歸化. 曰, 學于吳, 得伎樂舞, 則安置櫻井, 而集少年, 令習伎樂舞, 於是, 眞野首弟子 新漢濟文, 二人習之傳其舞. 此今大市首 辟田首等祖也
　　　　일본서기(日本書紀) 권22, 스이코기(推古期) 20년(서기 612년)

　　일본의 고대 역사서 《일본서기(日本書紀)》(720년 편찬)에 기재된 위 기록이 기악의 일본 전래에 대한 최초의 자료가 된다. 한편 기악이 일본에 전래된 7세기 초엽보다 앞선 시기인 6세기 중엽(欽明期, 539-571)에 기악에 관한 문헌기록이 있다.
　　오(吳)나라의 지총(智聰)이 약서(藥書), 명당도(明堂圖), 불상(佛像) 및 기악 도구를 일본에 가지고 왔다는 사실이 《신찬성씨록(新撰姓氏錄)》──일본 고대의 성씨를 천황계(天皇系), 천신계(天神系), 귀화인계(歸化人系)의 세 계보로 대별(大別), 서술한 책. 815년 편찬

——에 기재되어있다.

기악 도구의 일본 전래와 함께 기악이 실제로 연행(演行)되었는지, 그 사실 여부는 불확실하다. 이에 대해 일본의 연극학자 노마 세이지〔野間淸之, 1878-1938〕는 그의 저서 《일본가면사(日本假面史)》(1943)에서 "기악 도구 한 벌에는 탈, 의상, 악기 등도 포함되어 있는데 상당히 많은 양이었다. 그것을 가지고 온 사유는 당시 대륙에서 성행하고 있었기 때문에 일본에도 소개할 가치가 있었을 것이다. 그러나 실제로 기악이 연행(演行)되었는지 분명하지 않다"고 추측하면서, 기악 연행(演行)이 '전래된 시기'를 《일본서기(日本書紀)》와 《신찬성씨록》의 기사 내용을 정리하면 6세기 중반 전후에 탈, 의상, 악기를 포함한 기악도구 한 벌이 일본에 들어왔고, 7세기 초에 백제인 미마지가 일본에 건너와 처음으로 연희(演戲)를 가르쳤다고 보는 것이 일반화된 견해로 보인다. 백제인 미마지를 사쿠라이〔櫻井, 현재의 나라현(奈良縣) 소속〕에 머물게 하여 소년들을 가르치게 한 다음 당시 일본 조정의 후속 조치가 궁금한데, 이에 대해서는 《성덕태자전력(聖德太子傳曆)》(1907년 편찬)의 기악 관련 기사를 참고해 본다.

스이코〔推古〕 여왕의 섭정(攝政)이었던 성덕태자(聖德太子)——일본 역사에서 가장 훌륭한 인물로 추앙받고 있으며 문화 부문에서는 일본문화의 개조(開祖)로 인식되고 있다——는 큰 사찰 여러 곳에 악호(樂戶)를 설치하게 하고, 여러 가문의 자제들을 모아 기악을 배우게 했다. 기악을 일생의 전업으로 삼는 이들에게는 과역(課役)을 면해줄 정도로 기악을 우대했는데, 이 이후 기악은 사찰의 법악(法樂)으로 정착하게 되었다.

이러한 정착 과정을 거쳐 기악은 일본연극사(日本演劇史)를 포괄하는 일본 예능사(藝能史)의 시발점이 되었고, 뒤이어 부가쿠(舞樂, 춤이 따르는 아악), 사루가쿠(猿樂, 일본의 중고·중세에 행해진 민중예능. 익살스런 흉내를 주종으로 했으며, 차츰 연극화되어 노오(能)와 교겐(狂言)으로 갈라짐), 노오(能, 노오가쿠(能樂), 일본의 가면 음악극) 등으로 변화, 발전하게 된다.

기악이 어느 지역에서 어떤 목적으로 출발되었고, 그것이 백제에 수용되고 다시 일본에 전래된 역사적 변천 과정에 대해서는 별도로 《기악의 역사》에서 살펴보겠고, 여기서는 일본 기악의 시조(始祖)인 미마지란 인물에 초점을 두어 그 신분에 대해 알아보고자 한다.

미마지란 인물에 대한 고구(考究)는 한국 학계(學界)에서는 아직 본격적으로 시도된 바 없고, 일본의 경우 초보 단계의 탐색이 산견(散見)되는데, 미마지 연구를 종합하여 소개한 자료는 《미마지인물고(味摩之人物故)》(무라카미 아키코(村上祥子), 1991)가 있다. 이 자료를 원용(援用)하여 기술한다.

① 미마지는 인명이 아니라 불사인(不死人) 또는 예능인(藝能人)을 일컫는 범어(梵語)이다. 미마지가 전한 기악은 고대 인도 무악(舞樂)의 일종으로 추정된다.
② 미마지는 범어(梵語)로 고승(高僧)을 의미하며 기악이 불교악(佛敎樂)으로 사용된 사유와 연관되어 있다.
③ 미마지가 백제의 고승이라는 자료는 발견된 바 없다. 성덕태자(聖德太子)의 전기(傳記)를 참고하면, 미마지는 특정한 개인이 아닌 다수의 연회자(演戲者) 집단으로 해석된다.
④ 연희(演戲) 명칭과 내용의 유사성에 주목하여, 그리스의 고대 대중극인 미모스(minos)와 미마지를 연관시켜 보는 관점도 있

지만, 이것 역시 어디까지나 가설일 뿐 증거 자료는 없다.

앞의 자료에서 미마지는 예능인, 고승, 연희자 집단 등으로 풀이되고 있는 바, 이를 묶어 보면, 미마지는 예능을 갖춘 승려 신분으로 연희자 집단의 대표로 간주된다. 기악 연희자의 구성이 20여 명을 웃도는 점을 감안하면 미마지는 이 집단의 대표자일 가능성이 있으며, 또한 기악이 불교 의식과 밀접히 관련되어 있음을 미루어 미마지는 예능을 갖춘 승려 내지 사찰에 소속된 연희자일 가능성도 배제하기 어렵다. 일본의 초기 불교문화 전반에 걸쳐 다대한 영향을 주었던 백제불교의 위상과 관련지어 추리하면, 미마지는 불교예능을 갖춘 승려 신분으로 다수 기예인(技藝人)을 인솔하여——기악은 집단연희(集團演戱)이므로——일본에 건너간 것으로 보인다. 미마지의 정체 규명에 대해서는 이후의 연구 성과를 기대하며, 다음에는 미마지의 일본 '귀화(歸化)' 문제에 대해 접근해 본다.

《일본서기》의 기록에도 미마지는 일본에 '귀화'하여 과연 일본인이 되었을까? 그리고 당시 기악을 보급시켰던 사쿠라이〔櫻井〕는 어떤 성격의 지역이었나 하는 의문이 제기되고 있다.

고대 한일관계사(韓日關係史) 정립에 있어 아직까지도 해명이 안 된 과제가 한두 가지가 아니다. 예를 들면 광개토왕릉비(廣開土王陵碑)에 새겨진 신묘년(辛卯年) 기사의 변조 여부에 대한 논란, 고대 일본 세력이 한반도 남부(伽倻地域)을 지배했다는 임나일본부설(任那日本府說), 북방 기마민족이 남쪽으로 진출하여 백제를 건국하고 일본열도로 진출, 고대일본을 세웠다는 기마민족설(騎馬民族說) 등은 한・일 사학계의 주요 쟁점으로 부각되어 있다. 이같은 거창한 주제에 비해 사소한 것으로 보이는 귀화인(歸化人) 또는 도래인(渡

來人) 문제――일본 고대문화의 성립과 발전에 기여한――에 대해서는 학문적인 해석과 성과가 영세한 형편으로 판단된다.

이른바 황국사관(皇國史觀)을 신봉한 일본의 일부 사학자 층은 역사의 진실 규명보다는 자국 중심의 편향된 역사 왜곡에 치중하고 있음은 우리가 익히 알고 있는 사실이다. 한국의 경우도 반만년의 영광된 민족 중심에 집착한 데서 발생하는 자만과 독선의 역사 해석을 종종 목격하게 된다. 고대 한·일 관계사의 정직한 조명은 자의적이고 견강부회적(牽强附會的)인 사료 해석에 따른 정설(定說) 굳히기보다는 역사 사실을 객관적 시각에서 인식, 기술하는 자세가 요청된다고 할 것이다.

최근 고대 한·일 관계사 실체 규명에 관한 역저를 계속 출간한 사회학자 최재석은 그의 저서 《백제의 대화왜(大和倭)와 일본화 과정》(一志社, 1990)의 머리글에서 서기 670년(국호가 왜(倭)에서 일본(日本)으로 바뀐 해)까지의 일본 고대사는 한국 고대사의 일부라고 못 박고 있다. 이 책은 일본 고대사학자들이 은폐시켜 왔던 일본 고대사의 진실을 밝히는 데 그 저술 동기가 있다. 그의 소견을 정리하여 미마지가 일본에 건너간 무렵을 전후한 시기의 백제와 일본의 관계사를 조명하여 미마지의 '귀화' 문제와 사쿠라이〔櫻井〕의 지리적 성격에 대해 개괄해 본다.

최재석은 고대 한·일 관계사를 규명하는 데 있어 종래의 방법론인 '문화의 시각'에서 '인간의 시각'으로 그 관점을 바꿔야 한다고 역실하고 있다.

"문화의 시각에 서지 않고 인간의 시각에 선다면 먼저 일본 원주민과 일본으로 이주한 이주민의 수가 비교되고, 동시에 그 이주민의 정체(본래의 국적)가 밝혀져야 한다. 그리고 일본 원주민의 문화 수

준과 이주민의 문화 수준이 비교되고 나아가서 고대 일본을 개척한 사람들의 국적이 밝혀져야 한다."

원주민과 이주민의 수치(數値) 비율 비교, 이주민의 정체, 원주민과 이주민의 문화 수준 차이에 대한 해명이 인간의 시각에서 파악한 역사 인식으로 보고 있다.

문화의 수용 또는 전파의 측면에서 다룬 일본 고대사 서술은 "일본 원주민(일본인 학자들은 '원주민'이라는 용어는 사용하지 않는다)이 고대국가를 건설했다는데 한반도와 대륙에서 기술을 가진 약간의 귀화인이 일본에 건너가서 일본 국가 발전에 기여했다는 것이 지금까지의 일본 고대학자의 한결같은 주장이었다"고 말하면서, 고대 한일 관계사의 진실을 규명하려면 고대일본[大和倭]에 거주한 인간 집단의 성격에 초점을 두어야 '약간의 귀화인'에 한정해서는 진실을 파악할 수 없다고 단정하고 있다.

이러한 시각은 일본 원주민(原住民)과 이주민(移住民)의 수치 비교에 따른 이주민(開拓民)의 정체(正體-국적)와 당시 원주민과 이주민의 문화 수준 차이에 대한 해명 작업이 요청된다. 먼저 원주민과 이주민의 수치 비교는 도쿄대[東京大] 인류학과 교수 하니하라 가즈로[埴原和郎]의 연구조사(1987년) 자료를 인용하여 그 실태를 밝히고 있다(埴原和郎, Kazuro Hanihara, Estimation of the Number of Early Migrates of Japan, A Simulative Study,《인류학》95(3), 1987).

"일본에의 이주민 숫자는 '무시할 수 있다' '상대적으로 큰 수다' '이주민의 규모는 상당히 컸다' 등의 인류학자나 일본 고대사학자들의 주장을 이론이기보다는 추측이며, 과학적 기초 위에서 연구된 것이 아니라고 비판하면서, 그 이주민과 원주민의 비율은 9:1 내지 8:2라고 주장하는 하니하라 가즈로 교수의 견해는 일본학계의 현황으로 보아서 획기적인 발언이며 공헌으로 생각한다"고 높이 평가하고 있다.

원주민과 이주민의 비율 비교 대상 시기는 기원전 약 300년(야요이(彌生) 토기시대 초기)부터 서기 약 700년(초기 역사시대)까지 1000여 년간으로 설정했는데 모의시험 결과는 당시 일본 전체 인구의 80-90%가 이주계이고, 10-20%가 원주민이라는 통계가 나온 것이다.

"예상보다 훨씬 많은 이주민의 규모에 대해 조사자 자신도 놀라면서도 이주자가 한국인이 아니라 한반도를 경유하여 아시아 대륙(또는 동북아 대륙)에서 왔다던가 또는 이주민의 야요이인(彌生人)의 기원은 동북아시아의 인구 집단까지 추적될 수 있다"고 종래의 일본사학계 주장을 답습하고 있다고 지적한 최재석은 이에 대한 반론을 펴고 있다.

"이주자들이 동부 시베리아나 중국 동북부 거주민과 골상학적(骨相學的) 유사성을 지니고 있으므로 동북아시아 인구 집단까지 추적될 수 있다면 (그곳에서 이주했다면) 의당 그러한 지역 사람들이 남긴 고분, 부장품, 유물, 문화재가 그 이주 지역에 수없이 있어야 하고 또 《일본서기》나 《고사기(古事記)》 등과 같은 역사 기록에도 역시 그들에 관한 기록이 수없이 많이 남아 있어야 한다. 그러나 현실은 그러한 지역 사람의 것은 거의 없고, 대부분 백제인을 위시만 한국인의 것뿐이다. 설령 그러한 지역 사람이 남긴 것이 있다손 치더라도 한국 사람이 남긴 것을 찾는 것이 그러한 지역 사람이 남긴 것을 찾는 것보다 훨씬 용이한 정도로 희소한 것이다."

'이주민의 대다수 백제인을 위시한 한국인'이라는 그의 결론은 기존 학설을 근저(根底)로부터 반전(反轉)시키고 있다.

최재석은 《일본서기》 등 관련 문헌의 이주민 관련 기사를 정밀 분석하여 근거 자료를 제시하고 있는데 그 내용을 요약해 보면 다음과 같다.

① 중국계 이주민은 무시해도 좋을 정도로 소수다.
② 이주가 본격적으로 시작된 시기는 5세기초 고구려와 전쟁에 시달린 백제인이 서기 403-405년 사이 야마토(大和)에 집단 이주 정착하면서부터다.
③ 이주민의 규모는 백제인이 신라인과 고구려인에 비해 월등히 많았고, 고구려인과 신라인의 이주는 불규칙한 데 반해 백제인의 이주는 파도처럼 계속되었다.
④ 이주한 백제인의 신분은 왕에서 노비에 이르기까지 모든 계층과 직종이 포괄되어 있는 데 반해 신라인과 고구려인은 몇몇 직종에 한정되어 있다.
⑤ 백제 멸망 직후 서기 665-669년 사이에 이주한 백제인은 각 분야의 엘리트 계층으로 고대 일본의 발전에 크게 기여했다.
⑥ 서기 700년경 일본열도 인구의 80-90%는 한민족(백제·신라·고구려·가야)으로 구성되었고, 특히 야마토(大和) 지역의 경우 80-90%는 백제인이었다.

이같은 논자의 해석을 그대로 수용하면 이주한 한국인에 의해 선진 문화가 자연스럽게 일본에 이식(移植), 전파(傳播)되었을 터인데, 구체적인 이식문화(移植文化) 목록에 대해 10항목을 열거하고 있다.

① 의복, 직조 제조 ② 문서 해독력, 종이, 먹, 물감 제조 ③ 말 사

육, 마구 제작 ④ 건축 토목, 조선술 ⑤ 공예, 도자기 제작 ⑥ 의약 ⑦ 회화, 음악, 무용 ⑧ 역(曆), 역법(曆法), 오경(五經) ⑨ 불교, 사찰 ⑩ 저수지, 수로, 제방구축.

이처럼 일본 고대문화의 모든 영역을 포괄하고 있는 한국인의 역할이 구체적으로 밝혀진다면 그와 부수된 기악의 전파 경위, 미마지의 귀화 문제, 전승 지역의 성격 등도 어렵지 않게 해명될 것이다. 기악과 밀접하게 관련된 불교 항목에 대해 '스이코〔推古〕 32년(서기 624)에는 일본(畿內)에는 벌써 사찰이 46개로 늘어났고 승(僧) 816인, 비구니(比丘尼) 569인 합계 1,385인으로 불어났던 것이다(《일본서기》 스이코〔推古〕 32년 9월 3일조). 이들이 모두 백제인인 것은 물론이다"라고 최재석은 기술하고 있다.

기악이 일본에 들어온 지 불과 10여 년 후에 백제인 주도의 불교 세력이 그 정도로 성장한 사실을 감안하면 사찰의 행사의례용인 백제 기악의 수요가 자연스럽게 늘어나게 되었고, 이런 연유로 미마지 일행은 초청받아——귀화가 아니라——일본에 건너온 것으로 상정(想定)되기도 한다. 또한 기악 예능인 집단의 일본행은 미마지 일행 1회로 끝난 게 아니라 사찰의 수요 급증에 따라 복수(複數)의 예능인 집단이 백제와 일본을 왕래했을 것으로 추정해 볼 수도 있다.

고대 일본의 영역은 백제 이주민의 집단 정착지인 야마토〔大和, 지금의 나라현 일대〕에서 시작되어 그 영역이 점차로 확장되어 갔다. 미마지가 기악을 보급하기 시작했던 사쿠라이 역시 야마토 지역에 소속되어 있음은 물론이다.

지금까지 미마지란 인물이 정체를 알아보기 위해 백제를 중심으로 한 한일 고대 관계사를 새로운 관점으로 해석한 최재석의 소론

(小論)을 참고, 인용했다. 역사학 전공과 무관한 내가 최재석의 소론에 주목한 소이(所以)는 나의 관심 범위 내에서 아직까지 한일 고대관계사에 대한 한국학계의 체계 있는 연구 성과를 접하지 못했기 때문이고, 둘째로는 최재석의 연구가 일본 고대사학계의 관점을 두루 섭렵하여 객관적 사실에 기초한 비판을 통해 왜곡된 부문을 바로잡는데 상당 부분 성과를 올리고 있다는 내 나름의 판단이 작용했기 때문이다. 최재석의 소론은 여타의 경우와 마찬가지로 객관적인 시각에서 정리된 한일사학계의 검증 과정이 필요하다고 생각한다.

끝으로 지금까지 기술한 내용을 기초로 해서 미마지 관련 내용을 요약해 본다.

① 미마지는 일본에 귀화한 것이 아니라 백저 조정(朝廷) 또는 사찰에서 파견되거나 아니면 일본의 백제계 이주민 집단이 초청한 것으로 추정된다.
② 미마지는 기악 연희패를 이끌고 일본으로 건너간 영솔자(領率者)로 추정된다.
③ 미마지가 활동한 사쿠라이(櫻井) 지역은 당시 백제인의 집단거주지였다(현재 나라현에 소속된 사쿠라이시[櫻井市]가 있음)
④ 미마지 일행이 기악을 가르친 소견들과 제자들은 거의 백제인 이주민으로 추정된다.
⑤ 미마지가 일본에 파견 또는 초청된 사유는 백제인이 건립한 여러 사찰의 불교의식에 기악이 요구되었기 때문일 것이다.

앞으로 위와 같은 추정 내용을 보완하거나 또는 반증하는 자료발굴과 논의를 기대하면서 미마지 관련 고찰을 여기서 마감한다.

오국(吳國)의 위치에 대하여

백제인 미마지가 기악무(伎樂舞)를 오국(吳國, 이하 '오(吳)'라고 약칭)에서 배웠다는 《일본서기》의 기록에서 당시의 오(吳)가 어느 국가 또는 어느 지역을 가리키는 것인가 하는 과제가 대두되고 있다. 이 점 역시 미마지가 어떤 인물인가 하는 의문과 연계되어 있는 것이기도 하다.

오(吳)의 위치를 규명하는 데 필요한 관계 문헌 자료의 부족으로 인해 위치 규명은 아직까지 가설과 추론에 한정되어 있을 뿐 공인된 정설(定說)은 모색 단계에 있다고 볼 수 있다. 그동안 오(吳)의 위치 규명에 대해 논의되어 온 한·일 학계의 의견을 요약, 개괄하면, 오(吳)의 위치는 고대 중국의 강남(江南) 지역(양자강 이남 지역)이거나 아니면 고대 한국의 특정 지역으로 추측되고 있다.

중국의 강남지역설은 일본 학계의 일반적인 통설로 되어 있고, 고대 한국의 특정 국가 또는 지역으로 보는 견해는 소수 일본인학자와 재일 한인학자 등이 거론하고 있다.

오(吳)의 위치에 대한 제설(諸說)의 정리와 점검은 내가 참고 자료로 원용(援用)한 아래의 논문 내용에 기초했음을 밝혀둔다.

① 무라카미 쇼오코〔村上祥子〕,「한국 탈놀이와 일본 기악의 연구」, 고려대대학원 석사학위논문, 1991.
② 서연호,「탈극의 양식 및 전승적 측면에서 살펴본 오국(吳國)의

위치-일본 기악과의 비교를 중심으로」, 일본학(日本學) 제12집, 동국대일본학연구소, 1993.
③ 나리사와 마사루〔成澤 勝〕, 「기악론에 의한 고대 조선 사회의 특징적 표상 탐구──쿠레지역의 비정(比定)을 중심으로」(日文國譯), 동북아시아연구센터, 1998.

고대중국에 실재했던 오(吳)라는 국명(國名)의 나라는 셋이 있었는데 그 존속 시기를 구분하면 다음과 같다.

① 기원전 5세기 무렵 춘추전국시대의 오(吳, 기원전-473). 오월동주(吳越同舟)라는 고사성어(故事成語)로 유명하다.
② 3세기 무렵 강남 지역에 건립된 오(吳, 서기 222-280). 소설 삼국지(三國志)로 널리 알려져 있다.
③ 10세기 무렵 당(唐)나라가 멸망하고 송(송)나라가 들어서기까지 50여 년간 지속된 군웅할거(群雄割據) 시기의 오(吳, 서기 902-937).

이와 같이 중국에는 기원전의 오(吳), 3세기 무렵의 오(吳), 10세기 무렵의 오(吳)가 각기 시기를 달리하여 실재했던 것이다.

백제인 미마지가 7세기초에 오(吳)에서 기악을 배웠다는 《일본서기》의 기록은 세 나라의 오(吳)가 존속했던 시기와 일치하지 않는다. 고대 일본 역사를 기술한 《일본서기》의 기사 내용은 역사적 사실과 허구가 혼재되어 있어──《일본서기》 내용의 반 정도는 윤색, 조작된 기사로 인식하는 게 하계의 통설임──기사의 진위(眞僞)를 가려내는 데는 매우 신중한 판단이 요청되고 있다.

오(吳)의 위치를 막연하게 《일본서기》 기사대로 중국의 강남 지역으로 보는 견해는, 이를 증거하는 객관적 자료가 보강되지 않으면 허구가 사실로 인식되는 비역사적 해석이 된다. 중국의 강남지역설(江南地域設)에서 좀더 진전된 연구 성과로 이른바《오국한국내재설(吳國韓國內在說)》이 대두되고 있는데, 이 논지의 줄거리는 오(吳)가 고대 한국의 특정 국가 또는 지역에 위치했다고 보는 견해다. 한국내 오(吳)의 위치 규명에 대한 접근은 연구자의 시각에 따라 편차가 보이는데 그 대강을 간추려 보면 이렇게 요약된다.

① 소수 일인학자의 고구려설
② 재일 한인학자 김정학의 전라남도 구례(求禮)설
③ 재일한인 학자 이영식의 낙동강 하구 구례(久禮)설
④ 국내학자 서연호의 황해도 봉산(鳳山)설
⑤ 일인학자 나리사와 마사루〔成澤 勝〕가 최근에 제기한 전라북도 남원(南原)설

등 크게 다섯 가지 설로 분류되는 바, 그 요지를 순서대로 살펴보겠다.

① 고구려설
고대 문헌에 표기된 한자(漢子)의 음(音)과 훈(訓)이 동일하면 뜻이 다른 한자도 이두식(吏讀式)으로 병용한 용례(用例)에 착안하여, '구려(句麗)'가 일본말로 '쿠레'로 발음되고 '오(吳)' 역시 '쿠레'로 읽힌다는 점에 착상한 것이 고구려설의 근거가 된다. 이에 대한 몇몇 일인학자의 논지 중에서 그 요지만 간략하게 소개했다.

"주몽(朱夢)이 세운 나라 이름은 현재 만주(滿洲)의 마을 이름인 구려(句麗)와 같은데 구려는 즉 쿠레다. 성(姓)인 고씨(高氏)에 구려(句麗)가 덧붙어 고구려(高句麗)라 칭한 것은 후대이고 대개는 쿠레라고 불렀다"고 하면서 쿠레(吳)와 쿠레(句麗)를 동일한 국명(國名)으로 보고 있다. (아유가이 후사노신[點具房之進], 1931)

"원래 '쿠레'라는 말은 '구려(句麗)'에 그 어원(語源)이 있는데 훗날 '오(吳)'를 '쿠레'라고 읽게 되었을 것이다. 쿠레와 구려(句麗)의 유음(類音)이 《일본서기》와 같은 인식을 가져왔다."(미시나 아키히데[三品彰英], 1962)

"원래 쿠레는 구려(句麗)(高句麗)에서 유래했고 훗날 오(吳, 쿠레)에 맞추어진 경우도 있다."(우에다 마사아키[上田正昭], 1965)

위에서 보듯이 오(吳), 즉 고구려라는 견해는 쿠레(吳), 즉 쿠레[句麗]로 발음되는 음차(音借) 표기 사례를 그대로 대입한 결과로서 그 단선적 접근에 문제가 있다고 본다. 고구려설이 설득력을 얻기 위해서는 적어도 기악이 일본에 전래된 당시를 전후한 시기에 고구려와 일본 사이의 문화 교섭 실상이 특히 예능 분야에서의 영향과 수용 관계가 제대로 규명되어야 하는 선결 과제가 남게 된다.

② 전라남도 구례(求禮)설
전라남도 섬진강 유역에 위치한 현재의 구례군(求禮郡)을 오(吳)로 보는 견해에 대해 알아본다.

"구래는 5세기 조일(朝日)간의 문화교류에서 보면 가라(加羅)지방 혹은 백제 남부의 지명이 아닌가 생각된다. 그리고 구래로 발음하는 가라지방과 백제 남부의 지명을 찾아보면 전라도 섬진강 중류 지역에 있는 구례(求禮)라는 것이 눈에 띈다. 구례는 한국어음으로 kure이며 정확하게 구래다. 섬진강구는 《일본서기》에 있는 것과 같이 가라(加羅)(任羅)나 백제 남부에서 일본에 왕래하는 요항(要港)이었다."(김정학, 1981)

구례설의 요지는 섬진강구를 고대 한국과 일본의 문물교섭 창구로 인식하는 한편 섬진강 중류에 위치한 '구례'와 '쿠레〔吳〕'의 유사한 발음(發音)에 주목하여 지리 특성과 유음 현상을 결합한 견해로 볼 수 있다.

《삼국사기》(9권 36, 잡지(雜誌), 제5)를 참고하면, 미마지가 일본으로 건너온 7세기초와 《일본서기》가 편찬된 8세기초 무렵의 구례는 백제 영역으로 구차례현(仇次禮縣)이라 불렸고, 서기 757년(통일신라 경덕왕 16년)에 구례현으로 개칭되었던 것이다. 구례설이 동의되려면 7세기 이전의 지명이 구차례현(仇次禮縣)이 아닌 구례현으로 되어 있어야 한다. 이같이 지명 개칭에 관한 《삼국사기(三國史記)》의 기록은 오(吳)의 구례설을 부정하는 근거가 되는 것이다.

③ 낙농강 하구 구례(久禮)설
서기 전후에 비롯되어 6세기 중엽(서기 562) 신라에 병합되기까지 경상북도 서부 지역에 산재했던 성읍(城邑) 국가들을 총칭하는 가야(伽倻)는 구아(拘耶), 사라(加羅), 가락(駕洛) 등 그 한자 표기가 여러 가지로 문헌에 표기되어 있다.

오(吳)의 위치를 가야에 속했던 낙동강 중하류 지역으로 보는 견해에 대해 알아본다.(이영식, 1990)

고대 일본과 한국과의 문화 교섭 사례와 여기에서 발견되는 인명(人名) 해석 등의 방법을 동원하여 오(吳)의 위치를 설득력 있게 제시하고 있다. 그는 《일본서기》 오우진(應神) 37년(서기 306) 기사에 나오는 인명(人名)에 주목하여 그 실마리를 풀어가고 있다.

"아지노오미〔阿知使主〕·츠가노오미〔都加使主〕를 오나라에 보내 봉공녀(縫工女)를 물색하려 했다. 그들은 고구려를 거쳐 오(吳)에 가려 했다. 고구려에 도착했으나 오(吳) 가는 길을 알 수 없어 길 안내를 요청하게 되었다. 고구려왕은 구레하(久禮波)와 구레시(久禮志) 두 사람으로 안내하게 했다. 오왕(吳王)은 공녀(工女) 에히메〔兄媛〕·오도히메〔弟媛〕, 구레하도리〔吳織〕, 아나하도리〔穴織〕 등 네 부녀(婦女)를 보냈다."

遣阿知使主 都加使主於吳, 令求縫工女, 爰阿知使主等, 渡高麗國, 欲達于吳, 則至高麗, 更不知道路, 乞知道者於高麗, 高麗王乃副久禮波久禮志, 二人, 爲導者, 由是, 得通吳, 吳王, 於是, 與工女兄媛弟媛, 吳織, 穴織, 四婦女.

이 기사에 보이는 에히메〔兄媛〕·오도히메〔弟媛〕와 구레하도리〔吳織〕는 《일본서기》 유랴쿠〔雄略〕 14년(서기 469)에도 기재되어 있다(무사노스구리아오〔身狹村主靑〕들은 오국(吳國)의 사자와 함께 오(吳)가 바친 손끝의 재주 있는 자인 아야하도리〔漢織〕·구레하도리〔吳織〕 및 의봉(衣縫)의 에히메〔兄媛〕·오도히메〔弟媛〕들을 데리고 스미노에노츠〔住吉津〕에 묵었다).
이 기사에 나오는 아치노오미〔阿知使主〕·츠가노오미〔都加使主〕

를 한반도 남부에서, 즉 가야지역에서 일본으로 이주한 인명으로 해석하고 구레하(久禮波)와 구레시(久禮志)라는 인명에서 구레(久禮)를 오(吳)와 같은 뜻으로 쓰였음을 주목하고 있다.

이렇듯 고대 인명의 주석에 관심을 쏟아 吳勝, 吳源忌寸, 吳服造, 吳氏, 吳女 등과 같이 오(吳)로 표기된 인명과 和藥使主, 松野連 등의 인명은 대부분 가야계나 백제계로 추론하고 있다.

당시 한국인의 집단 이주지였던 현재의 와카야마시[和歌山市] 오오타[太田] 주변 고분(古墳)에서 출토된 유물과 가야고분의 유물이 서로 같거나 유사한 점에 유의하여 앞에서 예를 든 인명들이 당시의 한국인임을 증명하고 있다.

오(吳)씨 성의 인명들 구레(久禮)(하波)와 구레(久禮)(시志)라는 인명, 그리고 지역의 특성 등을 고려하여 오(吳)의 위치를 낙동강 중하류의 구례(久禮)로 추정하고 있다. 이 지역은 일찍부터 일본열도와 교통이 용이했고 왜국과 가라제국의 교섭 창구로 왜국에 잘 알려져 있었다고 한다. 서기 530년에 신라가 구례산성(久禮山城)을 영역으로 편입하기 이전에는 안라(安羅)——3-4세기 이후 6세기 전반까지 남강(南江) 중하류 일대에 위치한 성읍국가, 현재 경남 함안 일대——의 영역인 이 일대는 왜신(倭臣)들의 왕래가 빈번했던 곳으로 알려져 있다.

'구례가 현재 어느 지역인지 불분명하지만 현재 마산의 동북쪽인 김해와 창녕 사이의 산성(山城)일대'로 추정한 이영식의 구례설은 상당히 신척된 연구 성과로 평가된다.

④ 황해도 봉산(鳳山)설

한국 탈극의 양식 분류와 전승 양태에 대한 고찰을 통해 오(吳)의 위치를 규명하는 방법론을 제기한 서연호의 의견을 살펴본다.

한국 탈극이 집중적으로 분포, 전승되어 있는 지역에 주목하여 탈극의 양식적 특징을 북부형(황해도 일대), 중부형(경기도 일대), 남부형(낙동강 유역)으로 구분한 다음 탈극의 구성 요소인 탈 특징, 연희 내용, 전승 계통 등을 상호 비교하여 불교적 요소와 지역적 특성이 비교적 온존(溫存)된 북부형 탈극――중부형과 남부형에 비해――과 일본 기악과 연계시켜 오(吳)의 위치를 가늠하고 있다. 이에 대한 서연호의 논지를 정리하면 다음과 같다.

① 전승탈의 조형적 측면에서 북부형 탈과 기악탈의 유사성을 비교하고 있다.

"어느 지역이든 탈은 대형에서 소형으로 귀면형(鬼面形)에서 차차 인간적인 사실형(事實形)으로, 나무탈에서 차차 바가지나 종이탈로 변화되어온 공통성을 확인할 수 있다. 인상과 표정을 강화시키고 야외공연의 효과를 높이기 위해 크게 만들어졌던 귀면형(鬼面形)의 종교(불교) 탈이 차차 민간연회 탈로 기능이 바뀌면서 소형화되거나 인간적인 사실형(事實形)으로 변이된 것으로 해석되는데, 이러한 현상을 일본 기악의 경우와 유사하다"고 일인학자 노마 세이지(野間淸之)의 견해를 소개하면서, 북부형 탈과 기악탈의 귀면적(鬼面的) 원형성(原形性)의 역사적 맥락에 주목하고 있다.

덧붙여 남부형 가운데 하회(河回)와 병산(屛山) 탈(11-12세기 제작 추정)은 고형(古形)의 전형으로 보이나 그 형태와 색채는 북부형보다는 후대로 보이기 때문에 북부형 탈의 귀면적 원형성을 강조하고 있다. 그리고 중국 고대문화에서 비롯된 방위와 색채 개념인 오방색

(五方色)──청(靑)(동방(東方)), 적(赤)(남방(南方)), 황(黃)(중앙), 백(白)(서방(西方)), 흑(黑)(북방(北方))──이 짙게 배어 있는──중부형, 남부형에 비해──북부형 탈의 색채 특징을 미루어 북부형이 고형(古形)의 탈임을 유추하고 있다.

② 기악이 불교와 관련된 연희라는 점에 착안하여 탈극의 등장인물 중 불교와 관련 있는 배역을 중심으로 기악과 탈극의 유사점을 모색하고 있다. 사상좌(四上坐)와 팔(8) 먹중의 예를 들어 이들 배역이 "티베트와 몽고에서 연행되는 타귀(打鬼) 탈극에서 흰 탈을 쓴네 동자(童子)와 귀면을 쓴 팔대보살(八大菩薩)의 역할이 비유된다. 우연한 일치이기보다는 어떤 영향 관계가 있었던 것으로 보인다. 토속신앙적인 요소와 불교적인 요소가 혼합된 양상을 드러내는 것도 우리와 같은 성격이다"라고 일인학자 아키바 다카시(秋葉 隆) 등의 연구를 참고하여 서술하고 있다.

사상좌와 팔먹중은 불교 용어인 사계(四械), 팔난(八難), 팔상(八相), 팔재(八災) 등과 관련되어 있고, 노장(老丈)은 타귀 탈극의 아수라(阿修羅)나 호법천왕(護法天王)과 유사한 배역임을 비교하고 있다. 그리고 문수보살(文殊菩薩)의 사자(使者)로 등장하는 사자(獅子)의 역할을 동북, 동남아시아의 불교국가에 전승되는 연희 양식에 공통되게 들어 있음을 지적하고 있다.

한국 탈극의 경우 불교적 양식을 강하게 띤 북부형에 비해 중부형은 불교적 요소가 약화되어 서민적 연희성으로 전이되어 있고, 남부형은 더욱 약화되어 민간 연희극의 전형적 모습을 띠고 있는 것으로 인식하고 있다.

이와 같이 불교적 색채가 강하게 잔존해 있는 북부형 탈극이 다른 지역의 탈극보다 불교 선교극으로 출발한 기악과 친연(親緣) 관계에 있음을 밝히고 있다.

③ 연희 방식의 유사성에 대한 고찰로서 탈극의 길놀이와 기악의 교우도(行道) 구성이 밀접하게 연관되어 있는 것에 주목하고 있다 "기악에서 교우도(行道)는 사자 혹은 치도(治道)를 선두로 하여 연희자와 악사가 전원 참가하는 행렬이다. 치도(治道)는 이름 그대로 길을 안내하고 지진(地鎭)을 행하는 역할이다."교우도(行道)와 길놀이는 불교적 색채가 가미된 행렬극으로 보고 있고, 북부형에 등장하는 남강노인(南江老人)의 역할이 치도(治道)와 매우 유사한 점에 유의하고 있다.

④ 함경도 일대의 사자놀이를 대표하는 북청(北靑) 사자놀이와 북부형 탈극의 사자 사이에는 "고대적인 유사성이 짙다는 점을 간과할 수 없다. 세시풍속(歲時風俗)으로 민속화되기는 했으나 무엇보다도 사자역의 불교적인 원형성이 그대로 잔존하고 있으며, 그 제작 방식에서 두 사람이 형성하는 사자(한 마리 혹은 두 마리)와 두 지역 사이에 공존하는 오방색(五方色)과 방울(神鈴)의 활용, 그리고 인도역(탈극의 마부(馬夫) 혹은 먹승)과 어울려 노는 것 등이 그러하다"고 서술한 다음, 사자의 형식과 역활이 일본 기악의 사자(한 마리 혹은 두 마리)와 사자자(獅子子, 2인 혹은 4인)와 일치하고 있는 점을 들고 있다. 그리고 중국, 한국, 일본 3국의 고문헌에 기재된 사자 관련 기사를 비교, 검토하여 3국의 연희용 사자가 모두 동일계통임을 입증하고 있다.

⑤ 전승 지역의 역사성에 대해 고찰하고 있다. 황해도 봉산을 중심한 인근 지역에서 북부형 탈극이 성황(盛況)한 점을 주시하여 이 지역의 역사 변천 과정을 추적하고 있다.

1. 고대의 이 지역은 한사군(漢四郡)의 진번군(眞番郡)이었고, 그 후 낙랑군(樂浪郡)에 통합(기원전 82)되었다. 곧이어 낙랑군 남부도위(南部都尉, 기원전 75년 이후 설치) 소속의 대방현(帶方縣)이 되었다.
2. 그 이래 이 지역은 중국 세력과 토착 세력 사이에 오랜 투쟁 과정을 거친 끝에 고구려의 공격을 받아 중국의 군현은 한반도에서 소멸되었다(기원전 313년).
3. 한사군의 소멸 이후 백제 영토로 편입된 대방군(한강 이북, 자비령 이남 지역)은 오랜 시기에 걸쳐 수준 높은 중국의 문물(文物)이 수용된 지역으로 당시 이 지역의 문화 환경은 상당한 선진성을 띠고 있었다. 남쪽으로는 김해(金海)문화에 영향을 끼쳤고, 멀리 왜국까지 정치, 문화적 파급 효과를 미친 것으로 알려져 있다. 따라서 이 지역 일대에 탈극이 발달하고 성행한 사유는 대방군의 개방성과 국제성에 기초한 것으로 풀이되고 있다.

조선 전기(前紀)의 대표적인 관찰지리서인 《신증동국여지승람(新增東國輿地勝覽), 1530》에 보이는 봉산군(鳳山郡)의 내력을 조사하여 이곳의 특성을 밝히고 있다.

"봉산(鳳山)의 고시냉(古地名)이 부엉이를 뜻하는 휴류(鵂鶹)임을 알 수 있다. '휴류'는 고대 일본 한자음으로 '쿠루'(구루)다. '휴류'에서 '쿠루'가 되고, 다시 '쿠레'로 발음되었을 가능성이 짙다. 또한 봉산군(鳳山郡) 산수면(山水面)에는 고려리(高麗里, 高麗洞)이라는 지명이 있다. 고려리는 고구려리(高句麗里)에서 변화한 것이니, '구려'에서 '쿠레'가 되거나 '고려'에서 '쿠레'가 되거나, 어느 것도 음운적으로 가능하다. 이러한 자료를 통하여 고구려시대의 봉산 지역이 오국(吳國, 휴류국)으로 지칭되었을 가능성은 농후하다고 볼 수 있다. 독립적인 국가이기보다는 고구려의 한 자치 지역으로 볼 수 있다."

이와 같이 수준 높은 중국문화의 수용 지역인 대방군의 지리적 특성과 이곳의 중심 지역인 봉산군의 옛 이름 '후류'와 '쿠레'(吳)를 연계시켜 탈극과 기악의 상관 관계를 고찰하고 있다. 지역 전승의 측면에서 기악의 변천 과정을 몇 단계로 구분하여 정리하고 있다.

1. 고구려 봉산 지역에서 생성된 기악이 백제를 거쳐 일본으로 전파되었다.
2. 고려시대에 개성(開城) 지역을 중심으로 기악이 전승되다가 조선시대에 한양(漢陽)을 중심으로 한 탈극으로 변이, 발전되었다.
3. 최근세(最近世)까지 전승된 봉산탈춤과 개성 산대놀이, 양주 별산대놀이는 이러한 전승 계통을 시사하는 것으로 본다.

지금까지 오(吳)의 위치 규명에 대해 탈의 조형 특징, 연희 내용과 방식, 지역의 역사적 특징 등 여러 측면에서 접근하여 '오국(吳國) 봉산설(鳳山說)'을 설득력 있게 추론했음을 보게 된다. 서연호는 오(吳)의 위치에 대한 모색 과정의 결론을 이렇게 매듭짓고 있다.

"봉산 지역의 탈극은 중부형이나 남부형 탈극과 비교해 볼 때, 전승탈, 연희 내용. 연희 방법, 북청놀이와의 관계, 전승 계통 등 모든 측면에서 고대적 원형성을 지니고 있으며, 아울러 일본 기악과도 유사성이 짙게 드러난다. 더욱이 봉산 지역의 고대음(古代音)이 '휴류'

라는 사실도 '쿠레'로서의 신빙성을 더욱 짙게 해준다."

오(吳)의 위치 규명에 대한 서연호의 의견은 국내학자로서는 최초의 본격적인 연구 성과로 평가된다. 그의 의견 중에서 전승 탈극의 양태를 남부, 중부, 북부형으로 분류하고 그 내용 특징에 따라 북부형과 기악과의 유사성을 유추한 점은 평가되어야 할 것이다. 내가 보기에 미진한 부분은 북청사자놀이에 등장하는 사자의 역사적 내력, 대방군의 대(對) 중국문화 교섭의 구체적인 실상, 특히 탈극의 수용 여부에 대한 고증, 봉산군의 옛 이름 '휴류'와 '쿠레(吳)'를 연계짓는 유음 현상의 해석 문제는 다른 지역의 사례인 '구례'와 '쿠레'의 비교 문제가 대두되어 있다. 그리고 《구당서(舊唐書)》 등 고대 중국의 역사서에 기재된 기악 관련 기사의 해석 문제가 과제로 남아 있다. 예를 들면 서연호는 "6세기말부터 7세기초에 수(隋)나라의 칠부기(七部伎)와 구부기(九部伎)에 고구려 기악"이 포함된 점을 미루어 고구려 기악이 봉산지역에서 성행한 것으로 지목하고 있다.

그런데 문제점은 서연호가 지적한 대로 기악의 범주는 무악(舞樂), 연희악(演戲樂), 잡희악(雜戲樂), 의식악(儀式樂), 종교악(宗敎樂) 등을 포괄하는 범칭(凡稱)이므로, '문헌 기록의 기악'이 탈 무용극과 동일한 유형인지 아니면 다른 것인지 이에 대한 해명이 현재로서는 거의 불가능하다는 데 있다. 따라서 미해명(未解明) 과제를 풀어 줄 문헌자료가 발굴, 보충되기 전에는 기악의 연원(淵源)뿐만 아니라 오(吳)의 위치 규명도 가설과 추정 범위에서 크게 벗어나기 어렵다고 본다.

⑤ 황해도 일대 또는 전라북도 남원(南原)설

오(吳)의 위치 규명에 대한 최근(1997)의 자료는 일인학자 나리사와 마사루〔成澤勝〕의 연구를 들 수 있다. 그는 옛 대방군의 영역인 한강 이북과 자비령 이남의 황해도 지역을 주목하고 있다. 중국의 한(漢)나라가 기원전 108-107년경에 위만조선(衛滿朝鮮)을 멸망시키고 그 영역에 낙랑(樂浪), 임둔(臨屯), 현토(玄菟), 진번(眞蕃) 사군(四郡)의 속현(屬縣)을 설치했다. 이들 지역은 한나라 세력과 고구려를 위시한 토착 세력과 끝없는 쟁투(爭鬪)가 이어졌는 바, 서기 204년에 진번군은 대방군으로 바뀌었고, 서기 313년에 낙랑군은 고구려에 병합되었고, 대방군은 백제 영토로 편입된 것으로 보는 것이 사학계의 일반적인 통설로 되어 있다. 나리사와 마사루는 당시 중국에서 대방군 등지로 이주한 것으로 상정되는 중국계 성씨(姓氏) 조사를 통해 오(吳)의 위치에 대해 흥미로운 가설을 제시하고 있다. 가설 제시의 배경에 대해 다음과 같이 설명하고 있다.

"대방 지역이 현재의 서해반도(고구려와 백제 사이)에 위치해 있는데, 이 지역은 중국과 해상통로에 의한 교역의 요충지였다. 맞은편의 산동반도(山東半島)에서는 기원전부터 빈번하게 서해반도로 배를 띄웠고 한무제(漢武帝)가 조선을 공략했을 때에도 양복(揚僕)이 거느린 대규모 선단(船團)이 이곳으로 건너왔다. (…) 현재의 황해도에 해당하는 서해 지역을 거점으로 남방계를 포함한 수많은 중국인이 들어왔고, 중국문화가 끊임없이 들어왔음을 인정하지 않을 수 없다. 그 명백한 흔적을 성(姓)의 문화라는 측면에서 찾아볼 수 있다."

이처럼 고대중국과 최대 교역 지대였던 서해 일대의 지리적 성격에 주목하고 당시 중국계 이주민으로 보이는 성씨(姓氏) 분석을 통해 오(五)의 위치 규명에 접근하고 있다.

일제(日帝) 시기인 1930년에 조선총독부가 전국 규모로 진행한 제1회 조선 국세(國勢)조사 자료에 집계된 오씨(吳氏) 성의 분포 비율을 통해 논지를 이끌고 있다. 국세조사 결과 오씨 성의 분포 비율은 다음과 같다.

조선 전역 1.6%(전체 성씨 가운데 11위)
1위 황해도 2.85%, 2위 평안남도 2.36%, 3위 전라남도 2.08%, 4위 전라북도 2.02% 다른 지역은 2% 미만으로 집계되었다.
오씨의 면(面)단위 집계에서 세대(世代) 수 10% 이상 집계된 면(面).
조선 전역 18면(面)
1위 황해도 6면, 2위 전라남도 6면
3위 전라북도 9면, 다른 면은 2% 미만으로 집계되었다.

이와 같은 통계 자료는 오씨의 분포 지역이 황해도, 평안남도, 전라남북도에 편재(偏在)되어 있음을 가리키고 있다. 그리고 조선조 후기(1902)에 경국제세(經國濟世)의 목적으로 편찬된 《증보문헌비고(增補文獻備考)》의 호구(戶口)조에 오씨의 본관이 황해도와 전라도에 집중된 사실도 밝히고 있다. 그리고 조선국세조사자료를 분석, 정리하여 귀화성씨(歸化姓氏)로 구성된 씨족 집단을 지역 성씨별로 분류한 젠쇼우 에이스케(善生永助)의 《조선의 성씨와 동족부락(朝鮮の性氏と同族部落)》의 내용을 인용했는데, 그 내역은 다음과 같다.

한대(漢代)의 귀화성씨
고성(固城) 이씨(李氏), 청주(淸州) 한씨(韓氏)(吳氏), 해주(海州) 오씨(吳氏), 동복(同福) 오씨(吳氏), 보성(寶城) 오씨(吳氏)(黃氏), 창원(昌原) 황씨(黃氏), 장수(長水) 황씨(黃氏), 평해(平海) 황씨(黃氏)

이 성씨(姓氏) 자료에 분류된 한씨와 황씨는 오씨 계통으로 파악되고 있다. '한대(漢代)의 귀화(歸化)' 외에 '명대(明代)의 귀화' 자료에는 오씨가 보이지 않는 점을 주목하여 오씨 집단이 한사군이 존속한 무렵에 이주한 것으로 추정하고 있다.

"오씨는 한대(漢代)의 이주민으로 한사군 또는 대방군 설치 시기에 이주한 것으로 볼 수 있다. 오씨가 서해 지역 또는 전라도에 편재한 이유가 여기에 있는데 오씨 편재가 대방군과 깊은 연관이 있음은 분명하다. 한사군 설치에서 대방군 분리 시기에 씨족 단위로 중국계 이주민이 대방군으로 건너왔고, 오씨 성의 사람들이 우월한 중국문화를 전승하고 이를 새롭게 만들어 나갔다."

위의 추론은 오(吳)의 황해도 봉산 위치설 또는 연고설을 받쳐 주는 근거 있는 방증 자료로 주목된다. 4세기 초엽 백제의 공략으로 소멸된 대방군의 주민들, 특히 오씨 성을 포함한 중국계 이주민들의 행방이 궁금한데, 그들이 현재의 남원 일대로 집단 이주했다고 보는 것이 오(吳)의 남원 위치설의 골격이다.

"백제의 전성기인 근초고왕(近肖古王)과 근구수왕(近仇首王) 부자(父子) 시기 9(서기 346-394)에 대방군은 고구려와 백제 사이의 요지(要地)로 되어 있었다. 이곳에는 낙랑과 마찬가지로 중국인의 왕래가 빈번했으므로 대방군 주민들은 중국인의 영향을 받아 상당한 기예를 갖춘 것으로 생각된다. 백제가 대방군을 점령했을 때 기예자들을 백제 영내의 비교적 안전한 지역으로 이주시켰을 가능성이 큰 것으로 추정된다. 그들의 집단 이주 지역이 지금의 남원이라면 이곳을 중국문화가 이식된 제2의 대방군이라고 말할 수 있다. 이렇게 보면 당(唐)의 대방주(帶方州) 설치 의도는 이러한 역사적 이유 때문으로 여겨진다. 일본의 구레하도리(吳織), 구레가쿠(吳樂, 무악의 일종. 백제의 미마지가 귀화하여 오에서 배운 무악을 전했다고 하는 무언탈극. 伎樂), 구레다케〔吳竹〕 등도 이곳의 문물을 의미하는 것으로 볼 수 있다"

국사학자 이병도의 소론(「지리역사상(地理歷史上)으로 본 호남(湖南)」, 호남문화연구 2집, 1964)을 인용하여 오(吳)의 남원 위치설을 유도하고 있다. 위 인용문에 보이는 '당의대방주 설치'는 백제 멸망(660) 이후 서기 664년에 당이 설치한 지방조직인데, 이 지역이 남원 일대가 아니라 전남의 함평, 나주 등지라는 설도 있다.

이상의 소론을 정리하면 다음과 같다.

1. 제1의 대방군, 황해도 일대
① 대방군, 즉 한강 이북과 자비령 이남 사이의 황해도 지역은 옛 중국과 해로를 통한 문물 교류의 요지로서 중국의 선진문화를 수용, 발전시켰다.
② 일본 기악과 유사성이 많은 북부형 탈극의 발생 지역으로 추정된다.
③ 이 지역에 이주한 귀화성씨 오(吳)씨의 비율이 높은 점을 미루어 오(吳)(쿠레)와 연계시킬 수 있다.

이상이 오(吳)의 위치를 황해도 일대로 추정하는 근거가 되는데, 이는 서연호가 제기한 봉산설과 상당히 밀접하게 연관되어 있다.

2. 제2의 대방군, 남원
① 대방군이 백제 영토로 편입된 후 그곳 주민들은 상당수가 전라도로 옮겨갔는데 중심지는 남원으로 추정된다.

② 남원 이주설은 백제 멸망 이후 당나라가 이곳에 대방주를 설치한 의도에서 유추된다.

③ 황해도와 마찬가지로 전라도 역시 귀화성씨 오(吳)씨의 비율이 높아 자연스럽게 오(吳)(쿠레)가 연계된다.

지금까지 오(吳)나라의 위치 규명에 대한 한·일 연구자의 관점을 개괄, 정리해 보았다. 초기의 막연한 중국 강남설과 오류로 판정된 전남 구례(求禮)설을 제외한 한국내(韓國內) 오국설(吳國說)은 나름대로의 설득력 있는 논리를 갖추고 있다고 본다.

'쿠레'라는 유음 현상에 집착한 고구려설은 그 단선적(單線的)인 해석에 무리가 보이나, 고대 중국과 지리적으로 가장 인접했던 국가였던 점과 5세기 무렵 송(宋)나라의 악곡(樂曲) 종류에 고구려 기악이 편입된 《구당서》기록과 고분벽화에 그려진 무용 장면 등을 참작하면 그 개연성을 무시하기 어렵다.

《일본서기》등에 기재된 인명(人名)의 국적 조사를 통해 한국계로 해석된 인명을 한반도 남부 지역의 한국인으로 추정하여 오(吳)나라의 위치를 낙동강 중하류의 특정 지역으로 보는 견해와, 황해도 지역으로 이주한 중국계 이주민의 성씨 비율을 근거로 해서 이주민의 초기 거주지와 후기 거주지를 상고하여 오(吳)나라의 위치를 황해도, 남원으로 보는 견해는 그 접근 방법에 있어 상통(相通)하는 부분이 적지 않다.

그리고 고대중국과의 교역 중심지였던 황해도 일대의 지역적 특징과 이곳에 전승되는 북부형 탈극과 일본 기악과의 유사성 비교를 통해 오(吳)의 위치를 봉산(鳳山)으로 상정한 견해도 상당히 진척된 연구 성과로 평가된다.

'한국내 오국설'에 대한 논지를 종합, 검토해 보면 오(吳)의 위치는 한반도 북서부에서 남부 지역을 포괄하는 옛 고구려와 백제 영역으로 그 범위의 개연성이 드러나 있다. 이는 육로를 통한 고대 중국 문화와의 접촉이 용이했던 고구려와 해로를 통한 교역이 왕성했던 백제의 지리적 특징과 결부된 것으로 보인다.

초기 기악은 불교의 행사, 의식과 밀접하게 관련되어 불교 포교용(布敎用)으로 활용되었다는 통설을 인정한다면 우리나라 불교 전래와 전개에 대한 연구 성과를 토대로 인도, 중국, 한국, 일본으로 연계되는 불교문화의 수용과 변용에 대한 고찰이 요청된다고 본다. 국가 또는 지역의 풍토성과 습합(褶合)되어 변모되어 온 불교문화에 대한 이해 없이는 탈극과 기악의 유사성 관계 연구를 위시한 오(吳)나라 위치 규명에도 내실 있는 성과를 거두기 어렵다고 생각된다.

일본 기악의 역사

 기악의 역사 전반을 개관, 이해하기 위해서는 먼저 한국, 중국, 일본 3국의 고대 문물 교류 현상에 나타나 있는 다양한 문화 관련 역사 내용을 유기적으로 연계, 조감하여 그 역할과 수용 관계의 구체적인 양상을 드러내는 데 관심을 두어야 한다고 생각한다.
 역사 이해의 범위를 고대 예능사의 한 부분인 '기악'에 한정해 보아도 국제적이고 학문적인 연구 풍토는 아직 조성되어 있지 않고, 우리가 지향해야 하는 미래의 과제로 남아 있는 것이다.
 7세기초 백제에서 기악이 전래된 이래 오랜 기간의 전개 과정을 거쳐 온 일본의 경우 기악 관계 자료가 한국에 비해 월등하게 풍부한 편이다. 그 연구 성과가 다방면에 걸쳐 집적(集積)되어 있다.
 예를 들면《교훈초》를 비롯한 여러 사찰의 자재장(資財帳) 등과 실물 자료인 기악탈이 다수 보존되어 있다. 그러니까 문헌 자료가 소수 전해지고 있는 중국과 그마저 거의 없는 한국과는 자료 측면에서 비교되지 않는다. 이에 따라 기악에 관한 연구 성과물 역시 한국에 비해 일본이 그 양과 질에 있어 압도적으로 편중되어 있다.
 따라서 일본의 기악 역사에 대한 이해는 이 방면의 연구 개척과 방향을 잡기 위한 전제 조건이 된다고 본다. 일본학계의 근대적 시각에 의한 기악 연구 시기는 19세기말에 시작되어 근자까지 100여 년간에 걸쳐 있다.
 그동안 일본학계에서 생산되어 유통되어 온 기악 일반과 기악탈 관계 참고 문헌은 단행본 30여 종과 논문, 해설 등이 60여 편에 이르고 있다. 그리고 기악 관계 사료(史料)에는 사찰의 자재장, 정사류(正史類), 사서(史書), 일기(日記), 가집(歌集), 설화(說話), 악서(樂書) 등을 포함해서 약 40여 종으로 조사, 집계되어 있다.

수많은 참고 자료 중에서 최근까지의 연구 성과가 집약된 것으로 평가되는 《法隆寺獻納寶物 伎樂面》(도쿄 국립박물관편, 1984. 이 책의 229-325쪽에는 伎樂탈 관계 사료가, 326-329쪽에는 참고 문헌이 실려 있다)에 수록된 키노우치 다케오〔木內武男, 동 박물관 학예부 法隆寺보물실장〕의 논문 제1「伎樂の歷史と沿革(기악의 역사와 연혁)」을 의역(意譯), 정리하여 여기에 옮겨 일본 기악의 역사를 개괄해 본다.

기악에 대해서는 《일본서기》(720년)의 스이코천황〔推古天皇〕 20년(612년) 조(條)에 "백제인(百濟人) 미마지가 귀화(歸化)했다. 그는 오(吳)나라에서 배워서 기악무(伎樂舞)를 출 수 있다고 말했다. 그래서 사쿠라이〔櫻井〕에 살게 하여…"라고 기악의 전래에 대해 밝히고 있다.

미마지에 관해서는 일본의 정사(正史)에 기록되어 있으므로 사실로 보아야 할 것이다. 이보다 앞서 《신찬성씨록》(815년)의 좌경제번하(左京諸蕃下)의 화약사주(和藥使主) 항목에는 오(吳)나라의 주소연(主昭淵)의 손자 지총(智聰)이 긴메이천황〔欽名天皇, 539-571년〕 시대에 대장군 대반협수언(大伴狹手彥)과 함께 일본에 건너왔다.

이들 일행은 내외전(內外典) 등 164권, 불상(佛像) 1구(軀), 그리고 기악 도구 한 조를 가지고 왔다. 또한 남선나사주(男善那使主, 그는 和藥使主라는 성을 하사받았다)는 고우토쿠천황〔孝德天皇, 645-654

년) 시기에 기악 도구 한 조를 가지고 왔다고 한다.

기악 도구 전래에 관한 《신찬성씨록》의 기록을 보고 당시에 기악이 연행되었다고 단정하기는 어렵다. 옛날에는 기악과 기악무를 각기 구레카쿠(クレカク), 구레노우타마이(クレノウタマイ)라고 훈독(訓讀)했다. 《신찬성씨록》《일본서기》보다 후에 편찬된 《속일본서기(續日本書紀)》(797년) 등에는 기악(伎樂)을 고라쿠(吳樂)로 표기하고 있는데, 관직명(官職名)은 여전히 조기악장관(造伎樂長官), 기악사(伎樂師) 등으로 표기되어 있다.

《영집해(令集解)》(834년) 기사에도 "기악을 고라쿠로 부른다. 고시고(腰鼓) 역시 오악(吳樂)의 악기이다"라고 기록되어 있다.

중국의 문헌에서 기악의 용례를 찾아보면 《후한서(後漢書)》 백관지(百官志)의 태상(太常)에 기악이라는 말이 나온다. 그 주(註)에 "악인(樂人)이 팔일무(八佾舞)를 추는데 그 수는 380인"이라고 적혀 있는 바, 당시의 기악은 제사(祭祀) 또는 큰 잔치에 사용된 것으로 추정된다.

불경(佛經)에 보이는 기악은 범어(梵語, Vādy)를 번역한 말인데, 음악을 의미하거나 기악(妓樂)을 뜻하기도 한다. 《법화경》 서품(序品)에 "향화기악(香華伎樂)으로 항상 공양한다"라는 말이 있고, 《무량수경(無量壽經)》에는 "소원대로 향화기악하고 회개당번(繪蓋幢幡)하고 무수무량(無壽無量)의 공양으로 구자연화생(具自然化生)하고, 소원대로 이루소서"라는 법어(法語)가 있다.

오락(娛樂)을 위한 기악은 금기시되었지만 불공양을 위한 기악은 허용되었기 때문에 이같은 설법(說法)이 유래되었을 것이다.

애초에는 단순히 가무(歌舞)라는 뜻으로 사용되었던 불경 용어인 기악이 훗날 오악(五樂)이 사찰 법회에서 악무(樂舞)로 연행되면서 기악이 오악을 의미하게 된 것으로 생각된다. 《곤자쿠모노가타리〔今昔物語〕》등의 불교설화에서도 그 오래된 용례를 찾아볼 수 있다.

기악이 일본에 전래된 경위에 대해서는 그 원류로 추정되는 대륙 방면으로 이를 명확하게 규정지을 수 있는 문헌이나 유품이 현존하지 않는다.

이이 관해 여러 선학(先學)의 연구가 거듭되어 왔지만 유감스럽게도 자료 부족으로 인해 아직까지 이렇다 할 정설(定說)을 세우기가 어려운 실정이다.

다음에는 기악 기원에 대한 하라다 요시히토〔原田淑人〕(기악의 계보「伎樂の系譜」, 1973)의 견해를 인용, 정리한다.

《수서》 음악지에 나오는 칠부악(七部樂)이나 구부악(九部樂) 중에서 국기(國伎, 西涼樂)가 기악과 직접 관련된 것으로 추정되고 있다.

국기 또는 서량악(西涼樂)은 4세기말 양주(涼州, 감숙성 돈황 부근)에 잔존해 있던 중국의 속악(俗樂, 淸惡, 淸商樂)과 중앙아시아의 귀자악(龜慈樂)》이 습합되어 성립된 음악으로 보고 있다.

국기와 기악의 관련에 대한 예증을 제시하고 있다. 그 예증으로 대곡(大谷) 탐험대가 중앙아시아의 쿠차에서 발견한 사리용기(舍利容器) 채화(彩畵)에 묘사되어 있는 무용인물화(도판 1,2)와 역시 쿠차에서 발견된 목제 탈(한국 국립중앙박물관 소장)을 들고 있다.

《대당서역기(大唐西域記)》 굴지국(屈支國) 항목에도 기악이 기술되어 있다. 굴지국은 한대(漢代)에는 귀자국으로 불렸는데, 이미 육조(六朝)시대 이전에 중국과 서역의 통상로인 실크로드의 요지인 쿠차 지역에 자리잡고 있었다. 굴지국은 특히 불교가 융성했다. 또한 북위(北魏)도 불교신앙이 융성했으므로 서량악은 북위에서 수(隋)나라에 영향을 미쳤을 것이다.

오악(吳樂)의 오(吳)는 단순히 중국 강남의 한 나라 또는 한 지역을 말하는 것이 아니라 당시의 용법으로 미루어 보면 중국 동남 지방의 별칭으로 광동(廣東)보다 남쪽에 속하는 인도차이나를 포함한 지역을 가리키고 있다. 기악의 등장인물 중에서 가루라, 곤륜, 금강, 역사, 바라문 등의 불교 관련 명칭과 기악의 반주악기인 요고(腰鼓)가 인도에서 기원했다는 사실 등을 생각해 보면 기악의 기원을 인도차이나 방면에서도 찾을 수 있다

"사자는 불법(佛法)을 수호하는 장엄한 존재로서 보살에 봉사하고, 금강역사는 집금강(執金剛)의 분신(分身)으로 불법의 수호신이다. 가루라는 천룡팔부중(天龍八部衆)의 일원(一員)이고, 곤륜은 사천왕(四天王)의 발 아래에 있는 악귀(惡鬼)로서 야차나찰(夜叉羅刹)의 일종이다. 바라문은 고승(高僧)으로 그가 소지한 비단천(布帛)은 가사(袈裟)처럼 신성한 것이다. 태고부는 선인(仙人)에 해당되며, 취호왕은 우전왕(優塡王)에 해당된다. 오왕과 오녀는 공양인(供養人)의 대표, 즉 남녀의 공덕주(供德主)를 암시한다."

(오노 가츠토시(小野勝年), 「伎樂の源流に遡る」, 1959)

탈극이 그리스극에서 연원되었다는 일부 학자의 견해에 따르면 기악의 취호왕과 취호종 성격에는 그리스의 주신(主神) 디오니소스를 연상하게 한다고 한다.

612년 기악의 선래 기사는 《성덕태자전력(聖德太子傳曆)》에도 인

용되어 있다. 이 책에서 성덕태자는 여러 가문의 자제들에게 오고(吳鼓)를 배우게 했고, 삼보(三寶)를 공양하기위해 여러 번악(蕃樂, 외래음악)을 활용했고, 이를 영구히 전수하기 위해 과역(課役)을 면제시키고 장려했다고 기록되어 있다.

그리고 다치바나지〔橘寺〕, 시텐노우지〔四天王寺〕, 우즈마사지〔太奏寺, 현재의 廣隆寺〕, 덴겐지〔天源寺〕 등 여러 큰 사찰에도 악호(樂戶)를 두어 기악을 가르치도록 했다. 686년의 《일본서기》 기사에는, 신라인을 접대하기 위해 덴겐지〔天源寺〕의 기악을 치쿠시〔筑紫〕로 옮겼다는 기록이 있다.

그 이래 기악은 아악료(雅樂寮)에서 정식으로 교습하게 되었다. 악호는 7세기 중엽 이전부터 음악에 종사해 온 가문으로 사쿠라이〔櫻井〕에서 미마지로부터 기악을 배운 소년들과 같은 부류로 보면 된다.

나라〔奈良〕시대(708-782)는 기악이 가장 성했던 시기로 특히 대불개안회(大佛開眼會)가 그 정점이었다. 현재 남아 있는 여러 사찰의 자재장(資財帳)에는 당시의 기악 도구에 대한 내용이 기록되어 있다.

서기 747년에 작성된 호류지(法隆寺) 자재장을 위시하여 다이안시〔大安寺〕, 다이고지〔醍醐寺〕, 야쿠시지〔藥師寺〕, 사이다이지〔西大寺〕 등의 사찰에 자재장이 보존되어 있다.

《도우다이지요록〔東大寺要錄〕》에 의하면 서기 752년 4월 9일 도우다이지〔東大寺〕 대불개안(大佛開眼) 공양의 법악 중에서 오악(吳樂)이 연행되었고, "4월 8일 기악회(伎樂會)는 대법당(大法堂)에서 행해졌고, 7월 15일 기악회가 대법당에서 행해졌다 四月八日 伎樂會(佛生會) 於大佛殿行之, 七月十五日 伎樂會 於大佛殿行之"고 기록되어 있다.

도우다이지〔東大寺〕의 대불개안회에서 행해진 기악의 모습을 오늘날 쇼우소인〔正倉院〕과 도우다이지에 남아 있는 기악탈과 그 부속도구에 의해 유추해 볼 수 있다. 당시의 대불개안회에는 사부(四部)의 기악이 제악(諸樂)과 함께 참가했는데 불법(佛法)이 동쪽으로 전래된 이래 미증유의 성황을 이루었다고 전한다.

현재 쇼우소인〔正倉院〕에 소장된 기악탈 171점 중에서 그 과반수가 대불개안회 때 사용된 것으로 추측된다. '天平勝寶四年四月九日'이라는 명기〔銘記, 덴표우쇼우호〔天平勝寶〕 4년은 도우다이지 대불개안 불사가 열린 752년을 말함—역주〕가 있는 탈들 중에는 장이어성(將李魚成), 기영사(基永師), 연균사(延均師) 등의 제작자 이름이 밝혀져 있고, 탈 주머니〔面袋〕에서는 상이어성(相李魚成), 기영사(基永師), 연균사(延均師), 재복사(財福師), 상우감(上牛甘) 등의 탈 제작자 이름이 확인되었다.

제작 연대는 없고 제작자 이름만 있는 탈들 중에는 가미노 우시가이〔上牛甘〕, 오오다 야마토마로〔大田倭麻呂〕, 네기사카 후쿠키〔苨坂福貴〕(778년에 제작된 것으로 추정됨) 등이있고, 탈의 제작지역 이름으로 추정되는 이름은 스오우〔周防〕, 나가토〔長門〕, 사누키〔讚岐〕, 사가미〔相模〕, 히타치〔常陸〕, 우에노〔上野〕 등이 있다. 이밖에 세작 연대만 표기된 것들에는 덴표우〔天平〕 14년(742년), 덴표우〔天平〕 9년(737년), 괴우닌〔弘仁〕 2년(811년), 엔기〔延喜〕 19년(919년), 덴랴쿠〔天曆〕 9년(955년) 등이 있다.

쇼우소인〔正倉院〕 탈과 관련되는 도우다이지〔東大寺〕 소장의 기악탈을 보존 상태가 양호한 30점 외에 파손된 것 7점, 그리고 가마쿠라〔鎌倉〕시대의 탈 2점이 전해지고 있다. 그것들 중에서 명문(銘文) 또는 작풍(作風)에 따라 상이어성(相李魚成), 기영사(基永師), 연균사(延均師), 사목사(捨目舍) 등의 제작자 이름이 알려져 있고, 사누키〔讚岐〕, 사가미〔相模〕라는 지역명이 있는 것도 있다.

서기 761년에는 당시의 일본 천황이 야쿠시지〔藥師寺〕에 행차하여 오악(吳樂)을 감상했고, 서기 767년에는 고우후쿠지〔興福寺〕에 행차하여 임읍악(林邑樂)과 오악(吳樂)을 연주하게 됐다. 770년에는 신하(臣下) 한 사람을 조기악장관(造伎樂長官)으로 임명했는데, 이는 그 무렵에 창건된 사이다이지〔西大寺〕의 기악을 관리하기 위한 조치였을 것이다.

기악은 헤이안〔平安〕시대 초기(8세기 초엽)까지 융성했다. 《엔기시키〔延喜式〕》의 《가가쿠료우시키〔雅樂寮式〕》에 "4월 8일과 7월 15일에 열린 재회(齋會)에는 동서(東西)의 두 사찰에 기악인을 충원했다는 기록이 있는 바, 여기에는 야마토국〔大和國〕죠우카군〔城下郡〕샤오쿠손〔社屋村〕에 자리했던 악호(樂戶)가 선발되었다. 이같은 기악회(伎樂會)는 서기 809-889년 사이에 도우다이지〔東大寺〕대불전에서도 행해졌음을 알 수 있다.

서기 809년에는 가가쿠료우〔雅樂寮〕의 구성을 재편하고 기악사(伎樂師) 2명을 증원했다. 그러나 가가쿠료우〔雅樂寮〕의 정원(定員)은 감소되고 가가쿠료우〔雅樂寮〕의 사무도 형식화되어 헤이안〔平安〕시대 중기에는 가가쿠료우의 업무가 대가소(大歌所)와 악소(樂

所)로 이전되었다.

서기 833년 4월 21일에는 사콘이부〔左近衛府〕가 진악(秦樂)을 봉헌했고, 사이몬〔左衛門〕, 사효우에〔左兵衛〕 양부(兩府)가 봉헌한 오악(吳樂)을 연주했다. 사이몬과 사효우에는 원래 황궁(皇宮)을 지키는 부서인데 가가쿠료우의 기능이 쇠퇴함에 따라 위부(衛府)에 악소(樂所)가 설치되었다. 이 무렵부터 기악 등을 대신하여 일본식 가가쿠〔雅樂〕와 부가쿠〔舞樂〕가 등장하여 일본의 악무사(樂舞史)에 새로운 국면을 맞이하게 된다.

서기 873년의 《廣隆寺錄起資財帳》에 의하면 서기 853년에 고우류지(廣隆寺)에 접수된 것으로 보이는 기악탈 21점, 복색, 도구를 열거했는데, 금강, 역사, 태고부, 취호왕 탈을 새로 만들고 나머지 탈은 모두 수리했다고 한다. 탈을 여러 차례 사용했으므로 보수한 것으로 보인다. 그리고 서기 889-897년 사이에 기록된 《廣隆寺資財交替實錄帳》에 의하면, 앞에서 기재된 탈 21점 가운데 사자, 태고아 2점은 파손되었고 그밖의 기악 도구 등도 파손 또는 망실되어 더 이상 사용할 수 없게 되었음을 알 수 있다. 서기 905년의 《觀世音寺資財帳》을 보아도 오래된 치도(治道) 탈이 서기 904년에 대파(大破)되고, 사자 2점, 곤륜, 역사 탈 등 4점이 서기 822년에 대파되어 사용할 수 없게 되었고, 새롭게 기악 도구 한 벌이 제조되었음을 알 수 있다. 그러나 서기 1094-95년간에 《觀世音寺寶藏寶錄日記》에 의하면 새로 제작된 기악탈은 서기 1066년에 있은 간제온지〔觀世音寺〕의 불사(佛事) 때 사용할 수 없을 정도로 훼손되어 있었다고 한다.

《쇼우기(小右記)》(서기 1013)의 조항에는 동서(東西) 두 사찰에서 행해지던 기악은 쇠락하여 유명무실해졌다고 한다. 《法隆寺金堂供

養記)를 비롯한 그후의 각 사찰의 공양기에도 기악 대신 무악(舞樂)이 행해졌음을 알 수 있다.

서기 1030-31년간의 기악 관련 기록을 보면 곤코우메이지(金光明寺), 호린지(法林寺), 구린지(弘輪寺) 등 여러 사찰의 기악 도구가 소실되었음이 확인되고 있다.

가마쿠라(鎌倉)시대(12세기말 이후)부터 기악은 급속하게 쇠퇴하기 시작했고, 일부 사찰에서 그 명맥이 존속된 것으로 상정된다. 이 시대 초기에 속하는 기악탈의 작례(作例)는 앞에서 언급한 도우다이지(東大寺) 탈 중에서 '겐큐우(建久) 7년(1196) 4월 7일 고우케이(康慶)'로 읽히는 주칠명(朱漆名)의 탈이 있다. 탈 제작자로 보이는 고우케이(康慶)는 불사(佛師)인 운케이(運慶)의 부친이 되는 불사이다.

서기 1180년 12월, 도우다이지(東大寺)는 불에 타 일시에 잿더미가 되었는데 다음 해부터 복구가 시작되었다. 이 해 4월 8일에 예년과 같이 도우다이지와 고우후쿠지(興福寺)에서 기악회가 열린 것이 분명하다. 이 점으로 미루어 당시 일시적이나마 기악이 부흥되었음을 알 수 있다.

서기 1185년 8월에 도우다이지에서 대불(大佛)의 개안공양회가 거행되었고, 서기 1195년 3월에 대법당에서 공양이 거행되었다. 앞에서 말한 강경(康慶)이 만든 도우다이지 탈은 이대법당 공양과 관련 있는 것으로 보인다.

서기 1221년에 불력(佛力)으로 온갖 재난을 소멸시키는 칠불약사법(七弗藥師法)을 시행했을 때 공양(供養) 음악으로 기악이 연주되었다. 그러나 기악은 만세악(萬歲樂), 태평악(太平樂), 장경악(長慶樂) 등과 같이 아악(雅樂)을 의미하는 말로 변화했음을 알 수 있다.

기악에 관한 자료에는 서기 1233년에 남도악소(南都樂所)의 우근위장감(右近衛將監)이던 고마 치카사네〔狛近眞〕의 《교훈초》가 있다. 음악서(音樂書)인 이 책의 내용은 간략하고 애매하게 기술되어 있다. 또한 이 책은 기악이 성행했던 시기에서 수백 년이 지난 후 당시 산재했던 기악에 대한 구전(口傳) 자료를 모아 놓은 것으로 보인다. 《악가록(樂家錄)》에 의하면 나라〔奈良〕의 악인(樂人) 고마 치카사네〔狛近眞〕가 그 악곡만을 겨우 전했다고 기록되어 있다. 그리고 메이지〔明治, 19세기 중기〕 이후에는 그 악곡마저 완전히 잊혀지고 말았다.

키노우치 다케오〔木內武男〕는 기악 관련 주요 《사료》를 자세하게 검토, 인용하는 방식으로 일본 기악의 변천 과정을 도입기부터 소멸기에 이르기까지 연대순에 따라 기술했음을 알 수 있다. 그가 이 글에서 참고, 인용한 《사료(史料)》, 즉 문헌 기록은 41종에 달한다.

나는 이 논문을 의역(意譯)하는 데 있어 원문(原文)에 그 뜻이 모호하거나 불필요한 것으로 판단되는 사항은 제외시켰다. 예를 들면 꼭 필요한 경우만 빼놓고 일본 연호는 대부분 서기를 사용했고, 문헌 자료의 서명(書名) 역시 참고 되는 것만 옮겼고, 나머지는 제외시켰음을 밝혀둔다.

끝으로 일본 기악의 변천 과정을 100년 단위를 기준하여 4단계로 구분하여 정리한 무라카미 아키코〔村上祥子〕의 소론(小論)을 가다듬어 요약하는 것으로 이 글을 마감한다(무라카미 아키코, '기악(伎樂)의 전파 및 전승' 《한국 탈놀이와 일본 기악 연구》, 1991).

기악은 중국이 아닌 한국에서 비롯된 불교악(佛敎樂)으로 생각된다. 일본에 수용된 기악은 다른 종류의 악무(樂舞)와는 계통을 달리하여 정착, 발달, 보존, 쇠퇴 과정을 거쳤는데, 가마쿠라〔鎌倉〕시대 중엽 이후에는 본래의 의미를 잃고 사라지게 되었다.

일본의 기악은 크게 보아 4기(期)로 구분할 수 있다.

제1기: 기악의 수용에서 정착까지의 과정인데 그 시기는 대략 7세기초에서 말까지 100여 년간으로 볼 수 있다. 이 시기에는 일본 불교의 개조(開祖)로 추앙받는 성덕태자(聖德太子)와 그와 연고를 맺은 여러 사찰을 중심으로 기악 보급이 이루어졌다.

제2기: 기악의 발달과 성행 과정인데 그 시기는 8세기초에서 말까지 100여 년간이다. 이 시기의 기악은 사찰과 국가 행사의 공양용과 의례용으로 그 전성기를 누렸다고 할 수 있다. 서기 752년에 열렸던 도우다이지〔東大寺〕대불개안(大佛開眼)법회에서 기악은 그 절정에 이르게된다. "그 모습이 너무나도 멋이 있어 말로서는 형용할 수 없다. 불법(佛法)이 일본에 전래된 이후 이렇게 성대한 재회(齋會)는 처음이다."(《속일본서기》) 기악이 이같은 전성기를 누린 것은 나라(奈良; 710-794) 시기였다.

제3기: 기악의 성행 단계를 지나 쇠락하기 전의 보존 시기로 9세기초부터 말까지 100년간으로 볼 수 있다. 이 시기에 주목할 변화는 일본 아악사(雅樂史)에 최대의 악제(樂制) 개혁이 일어났다는 사실이다. 새로운 음악 양식의 도입과 악기의 재편성 등 악무(樂舞) 전반에 걸쳐 개혁이 일어났는데, 이로 인해 기악 역시 적지 않게 영향받은 것으로 보이지만 본래의 모습을 지키기 위한 노력도 무시할 수 없다. 그 이유는 기악이 불교신앙을 위한 불교악이므로 시류의 변화에 편승하기에는 불교의 보수적인 성격으로 인해 쉽지는 않았을 것이다.

제4기: 기악의 쇠퇴기로서 10세기 초엽이 일본 아악(雅樂)은 전성기를 누리게 된다. 기악 역시 아악의 영향을 입어 본래의 의미를 상실하고 시류 변화에 적응하게 된다. 예를 들면 오녀(吳女)를 오녀(五女), 즉 1명의 여자가 5명으로 늘어나게 되는데, 이는 기악 관중이 많은 수의 미녀(美女)가 등장하는 것을 좋아했기 때문일 것이다. 이처럼 기악은 일반 대중 취향의 예능으로 변질되었던 것이다.

서기 1233년 《교윤초》를 펴낸 고마 치카사네〔狛近眞〕의 손자인 고마 아사카츠〔狛朝葛〕는 《속교훈초(續敎訓抄)》(1270)를 펴냈는데, 여기에는 기악을 일러 '이악호도행(以樂號道)'이라고 기록되어 있다. 이것으로 미루어 기악은 쇠퇴 일로에 빠져 버렸고, 그 이래 기악 연행은 자취를 감추게 되었다고 볼 수 있다.

《교훈초(教訓抄)》 해제(解題)
《교훈초》 제4권 기악(妓樂) 원문(原文) 의독(意讀)

　4월 초파일을 불생회(佛生會)라 한다. 7월 15일을 기악회(伎樂會)라 한다. 이때 연극하는 횡적(橫笛)은 오사카[大坂]에서 태어난 측방(則方)의 유파(流波)이다. 측방류는 두 갈래인데, 하나는 고마교우코우류[狛行光流]이고 다른 하나는 오와리노리코우류[尾張則光流]이다. 무인(舞人)은 도우다이지[東大寺]에 소속된 기노 씨[紀氏]라고 전해지고 있다. 코우후쿠지[興福寺]에서는 오오가미 씨[大神氏]와 사카다 씨[坂田氏] 그리고 사찰의 일꾼[寺役]이 춤을 춘다.

　성덕태자(聖德太子) 시기에 백제(百濟)의 무사(舞師)인 미마지가 가져온 기악곡(伎樂曲)이 이 춤이다. 노인들이 말하기를 기악은 화려하게 꾸민 신들이 노는 모습과 같다고 했다. 이것에 대해 알아보아야 한다.

길놀이[行道]

　먼저 소리를 고르게 한다[盤步調音]. 다음에 악기의 소리를 조율한다[調子]. 이것은 행렬(道行)하는 동안의 연극[音聲] 또는 박자(拍子)라고 한다. 이러한 행렬을 길놀이[行道]라고 한다.

　길놀이 순서는 사자(獅子·師子)가 맨 앞에 서고 차례로 춤꾼[踊物], 횡적(橫笛) 부는 악사(笛吹), 관(冠) 쓴 연기자[帽冠], 요고(腰

鼓·三鼓) 2명, 제금[銅拍子] 2명으로 짜여진 타악기 악사가 뒤따른다.

판놀이
① 사자춤
그 곡조(曲調·詞)는 일월조음(壹越調音)이다. 능왕곡조(陵王曲調)의 파(坡, 빠른 박자)와 비슷하며 도드리[喚頭]가 있다. 옛 기록에 의하면 빠른 박자에 따라 도드리는 세 번 반복하고[破喚頭三反], 세 번 높이 뛰어 오르고[高舞三反], 입을 세 번 아래로 한다[口下三反].
무슨 뜻일까?
② 오공(吳公)
부채를 쥐고 있다. 악사들이 세 번 거듭해서 반보조음(盤步調音)으로 연주한다.
무인(舞人)인 기(紀) 씨의 말에 의하면[紀氏舞人說], 오공이 놀이판에 등장하여 악사석을 향하여 횡적(橫笛) 부는 시늉을 하면 악사들은 횡적을 불기 시작하고, 횡적 불기를 멈추는 시늉을 하면 연주를 그친다.
③ 금강
악사들은 반보조음(盤步調音)을 세 번 되풀이해서 연극한다. 어떤 목록(目錄)에는 가란(假蘭), 전처(前妻), 당녀(唐女)라고 기재되어 있는데 그 뜻을 알 수 없다. 그 뜻을 풀 길이 없다.
④ 가루라
일명 게라하미(연주/ケラハミ)라고 한다('게라'는 벌레 이름, '하미'는 먹는다는 뜻, 게라하미를 '딱따구리'로 보는 견해도 있다). 연주곡의 박자는 13이며 세 번 되풀이 하여 연주한다. 근자에는 다른 곡

(曲)인 환성악(還城樂)의 파(破)를 연주한다. 무인(舞人)은 빠른 손춤〔走手舞〕을 춘다.

⑤ 바라문

일면 무츠키아라히(ムツキアラヒ), 즉 일명 '기저귀 빨래'라고 한다. 박자는 11이며 세 번 되풀이해서 연주한다. 악조(樂調)는 일월조음(壹越調音)이다.

⑥ 곤륜

박자는 10이며 세 번 되풀이해서 연주한다. 악조(樂調)는 일월조음(壹越調音)이다. 먼저 오녀(吳女)가 등장하여 등롱(燈籠) 앞에 선다. 오녀 중 2명은 부채를 들고 2명은 자루〔袋〕를 머리에 이고 있다. 다음에 무인(舞人) 2명이 등장하여 춤을 추는데 부채로 이마를 가리고 오녀 중에서 두 여인에게 추파를 던지는 시늉을 한다.

⑦ 역사

역사는 손뼉을 치며 나오고 금강(金剛)은 입을 벌린다. 악사들은 일월조음(壹越調音)을 아주 빠른 속도로 연주한다. 세 번 되풀이 한다 역사(力士)는 곤륜의 남근(男根)을 휘두르는 춤을 춘다[마라후리춤〔マラフリ舞〕으로 표기되어 있음—역주]. 오녀와 희롱하고 있는 난봉꾼(外道)이 곤륜을 굴복시키는 연기를 한다. 곤륜의 남근[연기용으로 제작된 모형—역주]을 끈으로 묶어 멋대로 희롱하는 모습의 춤을 춘다. 풍문(風聞)에 의하면 부처의 남근이라고도 한다.

⑧ 대고

의붓자식〔繼子〕이 등장한다. 악사들은 평조음(平調音)으로 세 번 되풀이 연주한다. 노파가 두 아들을 데리고 나와 허리와 무릎을 구부리게 하여 불전(佛前)에 참배하고 좌우 양옆에 두 아들을 세워놓고 예불(禮佛)한다.

⑨ 취호

일명 취호왕이라 한다. 촌장(村長)이라고도 하며, 외래인(外來人)이라고 하며 술 취한 사람이라고도 한다. 악사들은 일월조음(壹越調音)을 다섯 차례 연주한다. 다른 곡조도 있었는데 근자에는 승화악(承和樂)을 연주한다. 오와리 노리시게〔尾張則成〕의 말에 의하면, 충박자(忠拍子)를 연주〔吹〕한다고 한다.

⑩ 무덕악

일월조음(壹越調音)이 연주된다. 그러나 춤이 없어서 그런지 근자에는 연주하지 않는다. 덴노우지〔天王寺〕에서는 지금도 무덕악에 따라 춤을 춘다.

성덕태자전(聖德太子傳)에 의하면 스이코〔推古〕천황 20년(서기 612년) 봄 정월 초하루날에 백제인 미마지가 도래하여 오국에서 기악무를 배웠다고 말했다. 그를 사쿠라이〔櫻井〕마을에 머물게 하고 소년들을 모아 가르치게 했다. 여러 사찰에 전승되고 있는 기악무가 이것이다.

10곡(曲)의 기악은 이와 같다. 아리미츠가〔有光家〕에서는 8기악(妓樂)이라 했다. 그 까닭은 곤륜과 역사를 1곡(曲)으로 했기 때문이다. 그리고 무덕악이 목록이 들어 있으나 오래전부터 춤은 없었다.

큐우안〔久安〕5년(1149년) 불생회(佛生會)에서 오와리 노리시게〔尾張則成〕와 기요하라다메노리〔淸源爲則〕두 악사가 연주했다. 기요하라 다메노리〔淸源爲則〕는 야쿠시지〔藥師寺〕의 악인(樂人)인 엔노리 도쿠교우〔圓憲得業〕의 제자이다. 쵸우쇼우〔長承〕2년(1133년)에 겐엔〔兼元〕이 연주했다고 일기에 적혀 있다. "나는 노리시게이게 기악곡의 보존을 부탁했다." 그 당시에는 아리미츠〔有光〕의 유파가 끊어질 무렵이다.

옛 기록에 의하면 성덕태자(聖德太子)의 탄생 이후 백제국은 무사(舞師)인 미마지가 건너와 기악을 가르쳤다. 야마토국[大和國]의 다치바나지[橘寺], 야마시로국[山城國]의 우즈마사기[太奏寺], 셋신국[攝津國]의 덴노우지[天王寺]에 각기 기악 도구 한 벌씩 안치되었다.

그 이래 100여 년이 지난 다음 시치다이지[七大寺]에도 기악 도구가 안치되어 있고, 그밖의 사찰에서는 모두 없어졌다. 도우다이지[東大寺]와 고우후쿠지[興福寺]에 남아 있고 덴노우지[天王寺]와 스미요시지[住吉寺]에 그 형태만 남아 있다고 한다. 기악 대신 아악(雅樂)이 보급되었다. 이에 구게[公家]에 기악 도구 한 벌을 기증했다고 한다.

덴노우지[天王寺]에도 기악 도구 한 벌을 기증했는데 그것은 덴노우지[天王寺]에 올리는 공양(供養)이다.

성덕태자(聖德太子)에게 주청하여 여러 가문의 자제들에게 오고(吳鼓)를 배우게 하고 세상 사람들에게 장고 치는 법과 춤을 배우도록 하게 했다. 이것이 오늘날 재인(才人)의 선조이다.

《교훈초》의 우리말 번역에서 부딪치는 문제는 우선 지금 쓰이지 않는 일본 고대어(古代語)에 대한 해독의 장애로 의미 파악이 거의 불가능한 단어가 적지 않게 표기되어 있고, 앞뒤의 의미 맥락이 단절되는 모호한 문체 등이 적확한 번역과 주석을 어렵게 하고 있다.

《교문초》 번역에 있어 이혜구를 비롯한 몇 분의 초역(抄譯) 내지 의역(意譯)이 산견되나 여기서는 박전열이 논문 「일본 기악의 연구」

(한국민속학 23, 민속학회, 1990)에 수록된 초역을 주로 참고, 보완했고, 나머지 부분(번역문에서 한 줄 띤 다음 글)은 내가 마무리했는데 마음에 걸리는 부분이 적지 않음을 지적해둔다.

박전열은 그의 논문 집필 목적을 "한국 연극사 내지는 탈극의 기원에 관한 문제와 깊이 관련되어 있는 일본의 고대(古代) 탈극〔假面劇〕인 '伎樂'(일본음 kigaku)에 의한 기본적인 이해를 깊이 하기 위해 쓰여졌다"고 서두에서 밝히고 있다.

그는 기악 이해의 심화를 위해 일본에서 발간된 기악 관련 문헌 기록을 섭렵 했는 바《일본서기》를 위시해서 각종 악보(樂譜)인《신찬악보(新撰樂譜)》《회중보(懷中譜)》《인지요록(仁智要錄)》과 악서(樂書)인《교훈초》의 제4권 기악(伎樂)과 악가록(樂家錄) 등을 참조하여 서술함으로써 국내 기악 연구를 한 단계 진전시켜 놓았다.

"기악의 연극 내용을 이해하려면 기악 관계의 악보보다는 직접 기악의 내용에 대해 기술한 자료가 필요하다. 그러나 이런 자료로는 고마 치카사네〔狛近眞〕의《교훈초》가 유일한 것이 된다" 그는 기악 연구에 위치한《교훈초》의 중요성을 인지하고 이 악서(樂書)의 구성 등에 대해 약술 했는바, 그 요지를 정리하여 소개한다.

(참고 자료/우에키 유키노부〔植木行宣〕,「敎訓抄 解題」,《古代中世藝術論》, 日本思想大系 23, 岩波書店, 1890.)

《교훈초》해제(解題)
① 1233년에 아악사(雅樂士) 고마 치카사네〔狛近眞〕가 저술한 당시 일본의 아악(雅樂) 현황에 대한 종합적 해설서
② 일본 최고(最古)의 종합적 악서. 다른 악서가 악보 위주로 구성된데 반하여 악(樂)과 무(舞)에 걸쳐 기술하고 있어 이 방면의

독자적인 위치를 점하고 있음.

③ 서명(書名)인 교훈(敎訓)은 "가문(家門)에 전해 오는 아악의 역사"를 기록했다는 의미.

④ 10권으로 구성되어 있음. 전반 5권은 가무구전(歌舞口傳), 후반 5권은 영락구전(怜樂口傳)이라 함(怜樂은 雅樂을 말함).

　제1,2,3권-고마 치카사네(狛近眞) 종가(宗家)에 전승되는 무곡(舞曲)

　제4권-다른 아악가(雅樂家) 가문에 전승되는 무곡. '他家相傳舞曲이야기'

　제5권-고려악(高麗樂)

　제6권-악곡만 전해오는 곡(曲)

　제7권-무악 전반에 관한 주의사항

　제8,9,10권-악기와 악곡에 관해 전해오는 이야기 수록.

⑤ 기악은 제4권에 다른 17곡(曲) 중의 한 종목으로 기재되어 있음. 곡(曲)이란 곡명(曲名)을 말하며 한국 탈극의 용어인 과장(마당)과 비교된다.

이상에서 《교훈초》의 내용 성격에 대해 그 요지만 간추려 보았다. 이 악서의 저자 고마 치카사네(狛近眞)는 어떤 인물인가? 이에 대해 홍윤기의 《일본문화사》(서문당, 1999) 「고구려인이 쓴 일본 무악사(舞樂史) 《교훈초》」에 흥미로운 견해가 제시되어 있다.

"박근진(狛近眞, 고마 치카사네, 1177-1242)은 고구려계의 한국 사람이다. 고대 왕실족보인 《신찬성씨록》에 의하면 그는 고구려인이다. 즉 '고구려 왕가의 후손은 성씨가 고마(高麗), 고마(狛), 고(高),

기부미〔黃文〕, 다카이〔高井〕' 등등이다. 이와 같은 고구려 왕족의 11개 기본적인 성씨가 그 사실을 입증하고 있다. 그밖에 고구려인들의 기본이 되는 성씨만 해도 22개가 있다. 그런데 고마 씨의 경우는 초기에 고마(高麗)로 쓰다가 고마(狛)로 바뀌는 가문이 많이 늘었다."
이처럼 고구려계로 입증 가능한 일본의 성씨 검토를 통해 박근진(狛近眞)을 고구려 왕족의 음악인으로 추정하고 있다. 박극진(狛近眞)의 부친인 박광근(拍光近)과 삼촌 또는 근친으로 보이는 박칙방(狛則房)은 박근진의 스승으로 당시의 유명한 아악인(雅樂人)이었다. "박근진은 악인(樂人)으로서, 아버지 박광근과 박칙방에게 무곡을 배워 대가로 불려졌다. 특히 비곡(秘曲)인 육왕황서(陸王荒序)의 춤을 출 때마다 찬탄받았다고 한다. 무보(舞譜)도 작성했다.《교훈초》10권(1233년)은 가업(家業)의 전설이며, 무악의 연출, 도구 등에 관해 쓴 것이다."《인명사전(人名辭典)》(三省堂, 1978)

한국의 기악 연구 자료
송방송과 김학주의 연구를 중심으로

한국의 기악 연구는 앞에서 밝힌 바와 같이 1953년 이혜구의 논문 《산대극(山臺劇)과 기악》에서 출발되었는데, 그는 1991년까지 모두 5편의 논문을 발표, 한국 탈극과 일본 기악의 비교 연구에 많은 업적을 쌓았다.

한국에서 일본 기악에 대한 관심과 연구는 이혜구의 논문에서 비롯되었다. 이혜구 외에 장사훈, 이두현 등의 원로학자가 기악에 대해 언급했던 바, 이는 기악에 대한 본격적인 접근이라기보다는 한국 음악사와 연극사 전체 구성의 한 부분으로 이혜구의 소론을 인용, 또는 보완하는 정도의 수준이다.

그밖에 본격 논문 형식으로 발표된 예는 박전열의 「일본 기악의 연구」(한국민속학 23집, 민속학회, 1990)와 서연호의 「탈극의 양식 및 전승적 측면에서 살펴본 오국(誤國)의 위치—일본 기악과의 비교를 중심으로」(일본학 제12집, 동국대학교, 일본학연구소, 1993) 등이 있다. 그리고 이채로운 논문은 일본인 한국 유학생 무라카미 아키코〔村上祥子〕의 「한국 탈놀이와 일본 기악의 연구」(고려대 석사학위논문, 1991)를 들 수 있다.

위에서 보듯이 한국에서 기악 연구는 이렇듯 영세한 형편이어서 제대로 된 단행본 한 권 분량으로 묶어 펴내기에는 버겁다고 할 것이다.

여기서는 이러한 국내학계의 사정을 감안하여 기왕에 발표된 기악 관련 자료 중에서 다시 음미할 가치가 있는 것으로 보이는 ① 송방송의 《한국 고대 음악사 연구》(일지사, 1985)와 ② 김학주의 《한·중 두 나라의 가무와 잡희》(서울대출판부, 1994)에 수록된 논문들 중에서 기악 관련 항목을 발췌, 인용하여 소개해두고자 한다.

송방송의 연구 자료 정리

①의 247쪽 제3절 신라의 불교음악에 기재된 「원전자료(原典資料) I」에 기악 관련 내용이 있다. 754년(경덕왕 13) 연기법사(緣起法師)가 그의 부모를 위하여 시작한 신라 《화엄경사경(華嚴經寫經)》 발문(跋文)인데, 이 사료(史料)는 사경의식(寫經儀式)에서 범패와 기악의 연주가 포함되었다는 사실을 알려 주는 귀중한 음악사료이다 (754년 신라의 사경 의식 때 기악이 행해졌음을 알 수 있는데, 이보다 2년 전인 752년에 일본의 도우다이지〔東大寺〕에서 기악 역사상 최대 규모의 대불개안(大佛開眼) 법회가 열렸던 사실에 유의해야 할 것이다).

「大方廣佛華嚴經」권 제50 跋文
天寶拾三載中午八月一日 (中略) 作處中進 古之經寫時中 幷淳浮爲內 新淨衣褌水 衣臂衣冠天冠等 莊嚴令只者 二靑衣童子 灌頂針捧彌, 又靑衣童子 四伎樂人 幷樂爲彌. 又一人 香水行道中散彌, 又日人 花捧行道中散彌, 又日法師香爐捧引彌, 又一法師梵唄唱引彌. 諸筆師等角香花捧彌. 又念行道爲作處中 至者三歸衣爾, 三反頂禮爲內. 佛菩薩華嚴等供養爲內, 以後中苙中昇經寫 在如 經心作彌, 佛菩薩像作, 時中 靑衣童子伎樂人等 除除淳淨法者 上

同之經心內中 收舍利爾入內如.

「원전 자료(原典資料) I」에 대한 주석(註釋)을 간추려서 정리한다.

천보(天寶): 당(唐)나라 현종(玄宗)이 사용한 연호(年號)의 하나, 천보는 742년에 시작하여 755년에 끝나므로 천보 13년은 754년(경덕왕 13)임.

경사(經瀉): 경(經)은 연기법사가 그의 부모를 위하여 쓴 신라 화엄경인 대방광불화엄경(大方廣佛華嚴經)을 이름. 크고 방정(方正)하고 넓은 이치를 깨달은 부처님의 꽃같이 장엄한 경(經)이란 뜻임.

천관(天冠): 옥(玉)으로 장식한 천자(天子)의 관(冠). 인간이 소유할 수 없다는 뜻.

기악인(伎樂人): 불교 의식에서 절차에 따라 음악을 연주하던 사람. 범어(梵語)로 vadya라고 하는 무악(舞樂)의 일종인 기악은 성악(聲樂)이 아닌 악기로 연주된 것으로 생각되는데, 그 까닭은 불교 의식에서 여러 악기로 연주하는 그림들이 당대(唐代)의 돈황석굴 변상도(變相圖, 사진 45-47)에서 발견되기 때문이다. 사경 의식을 위한 기악 연주에서 당비파(唐琵琶), 횡적(橫笛), 요고(腰鼓) 같은 악기들이 포함되었을지도 모른다.

범패(梵唄): 불교 의식의 절차에 따라서 범패승(梵唄僧)이 노래 부르는 성악곡(聲樂曲). 범토(梵土)인 인도 소리라는 범패는 굴곡 승강하는 곡조로서 부처님의 높고 큰 넋을 잔탄하는 노래이다.

삼귀의(三歸依): 불(佛)·법(法)·승(僧), 즉 삼보(三寶)에 돌아가 의지한다는 말.

정례(頂禮): 불상 앞에서 이마를 땅에 대고 가장 공경하는 뜻으로 하는 절.

화엄경(華嚴經): 대방광불화엄경(大方廣佛華嚴經)의 약칭. 일명 화엄경 대방경은 소증(所證)하는 법(法)이 되고, 불(佛)은 능증(能證)하는 사람으로 대방경의 이(理)를 증득(證得)한 불(佛)이 대방광불이고, 화엄(華嚴) 두 자는 이 불(佛)을 비유한 것이다.

「원전 자료(原典資料) I」에 나와 있는 기악은 그 시기가 8세기 중엽(754)의 통일신라시대이고, 미마지가 일본에 전래한 기악은 7세기 초(612)인 바, 양자의 간격은 140여 년이 된다. 사경 의식에서 행해진 기악과 일본의 기악은 다 같이 사찰에서 연행되었다는 점에 공통성이 있어 기악이 불교 의식과 깊은 연관이 있음을 재확인하게 된다.
  그런데 당시의 신라 기악과 일본의 기악이 동일한 내용인지, 아니면 서로 다른 내용인지, 이에 관해서는 해명할 자료가 없고 단지 유사한 것이 아닌가 하는 추측의 범위에 한정되어 있다.

①의 126쪽에는 당대(當代)의 돈황 벽화에 나타난 변상도(變相圖)의 기악과 무악(舞樂)의 반주악기를 분류하여 표시한 도표가 있는 바, 기악에 한정해서 그 악기 종류를 알아본다.

이 도표에 나와 있는 기악 악기 중에서 요고(腰鼓), 횡적(橫的), 동발(銅鈸)은 일본 기악의 반주악기로 사용된 것과 그 명칭이 동일하다. 인도, 스리랑카 등을 포함한 서역(西域)에서 비롯된 것으로 유추되는 이들 악기는 중국, 한국, 일본에 수용되어 각국의 음악 특질에 적합하도록 변용된 역사 과정을 밟았다고 보는 게 일반적인 통설로 되어 있다. 이같은 사실을 미루어 짐작하면 불교의 발상지인 인도에서 불교 의식용으로 기악이 기원되었고, 불교의 동점(東漸)에 의해 기악 역시 각국에 전래되면서 변용, 정착된 것으로 보는 관점도 그 개연성을 무시하기 어렵다고 하겠다.

도판순	동굴번호	벽화 명칭	합주명	춤의 악기 (오른쪽)	춤의 악기 (왼쪽)
28-29	제220굴	樂師淨土變相圖	伎樂	腰鼓, 橫笛, 鼓, 拍, 箜篌, 銅鈸, 尺八	腰鼓, 橫笛, 拍, 曲頸琵琶, 方響, 篳篥, 排簫, 箏
137	제45굴	觀經變相圖	伎樂	(없음)	腰鼓, 二重鼓, 曲頸琵琶, 箜篌, 篳篥
173-174	제445굴	阿彌陀淨土變相圖	伎樂	橫笛, 箜篌, 曲經琵琶, 排簫, 笙	腰鼓, 二重鼓, 橫笛, 銅鈸

돈황 문물연구소편《中國石窟: 敦煌莫高窟》(東京, 平凡社, 1980) 권3, 권4의 내용을 근거로 도표가 작성됨.

여러 변상도에 나타난 악기 명칭은 원칙적으로 당대(當代)의 문헌 기록에 맞추어 붙였으나 불분명한 것은 혼란을 막기 위해 구분되도록 표기했다.

琵琶 → 曲頸琵琶, 笛 → 橫笛, 簫 → 排簫, 洞簫 → 尺八

①의 60-62쪽에서「문헌에 기록된 백제악기」에 대하여 서술했는 바 그 내용을 간추려 정리한다.
  (1) 중국의 고대 사서(史書)인《수서》와《북사》에는 백제악기 7가지가 기록되어 있다. 고(鼓), 각(角), 공후(箜篌), 쟁(箏), 우(竽), 호(篪), 적(笛).

(2) 《수서》와 《북사》에 기록된 7가지 백제 악기는 백제가 사비(泗沘)로 천도한 538년(聖王16) 이후, 즉 6세기 후반에 수용된 것으로 보인다. 백제 음악인들이 554년에 일본에 파견된 사실도 성왕(聖王, 523-554) 때 백제악이 제대로 정비된 사실을 뒷받침하는 증거로 볼 수 있다

(3) 7가지 악기는 외래(外來)된 것임이 확실하다. 512년 백제와 중국 남조(南朝)의 양(梁)나라가 외교 관계를 수립한 후 성왕 때 이르러 그 관계가 더욱 강화된 사실로 미루어 양나라로부터 악기를 포함한 새 문물을 받아들인 것으로 생각된다.

(4) 7가지 백제악기 중에서 고(鼓)와 각(角)을 제외한 공후(箜篌)·쟁(箏)·우(竽)·호(簄)·적(笛) 등 5가지 악기는 남조의 음악을 대표하는 청상기(淸商伎)의 악기와 일치한다. 따라서 백제 악기는 남조에서 수입된 것이 분명하다고 볼 수 있다.

(5) 백제인 미마지가 612년 오(吳)나라에서 배운 기악을 일본에 전한 사실도 6세기부터 남조와 문화 교류가 있었음을 입증해 주는 증거로 해석된다.

6세기 무렵 중국 남조(南朝)와 백제 사이의 빈번했던 문물 교류에 의해 남조 악기가 수입되어 백제 귀족사회에서 연주되었다는 추정과 아울러 미마지가 일본에 건너간 시기보다 반세기 이전에 백제 음악인들이 도일(渡日)하여 백제음악을 보급한 사실도 입증하고 있다.

여기서 고려해야 할 점은 "미마지가 612년 오나라에서 배운 기악"이란 내용인데, 이는 《일본서기》의 미마지 관련 기사를 그대로 인용한 결과로 보인다. 미마지와 오나라 관계는 내가 정리한 「오국의 위치에 대하여」를 참고해 주기 바란다.

김학주 연구 자료 정리

1963년에 작성한 논문 「나례(儺禮)와 잡희(雜戲)―중국과의 비교를 중심으로―」에서 '제4절 나례와 잡회 및 산대잡극과 산대극'에 기재된 기악 관련 내용을 인용, 정리한다.

이혜구의 《한국 음악 연구》(국민음악연구회, 1957) 12의 「산대극과 기악」에 백제의 미마지가 전했다는 일본의 기악과 산대극을 비교하고 있는데, 이중에서 현재 고찰할 수 있는 잡극 또는 나례와 관계있는 것을 골라보면 다음과 같다.

① 양주 산대도감극의 고사와 상좌춤 및 봉산 탈춤은 기악의 치도(治道)에 상당하는 것으로 구나(驅儺)와 유관하다.

② 봉산탈춤의 사자무는 최치원의 「향악잡영(鄕樂雜詠)」에도 보이고, 중국의 잡극(雜劇)에도 보이니 그 영향임이 분명하다.

③ 기악의 금강을 산대극의 완보에, 역사를 취발이와 상응한 것으로 설명하고 있는데 《형초세시기(荊楚歲時記)》에는 "촌사람들이 다같이 장고를 치며 호공두(胡公頭)를 쓰고 금강역사로 분장하여 역귀를 몰아내었다"고 했으니 나(儺)와도 관계 있다고 하겠다. 또한 산대극의 옴, 연잎과 눈끔적이에 해당시키고 있는 오공이란 호공두(胡公頭)의 호공(胡公)의 음(音)이 와전된 것이 아닐까?

④ 기악의 바라문은 산대극의 갓 쓴 중, 봉산탈춤의 사당춤에 해당하는 것이라 했는데 당대(當代)의 잡희(雜戲)에 바라문무(婆羅門舞)가 있고, 송대(宋代)에도 요화상(耍和尙) 등 승(僧)을 주

제로 한 춤이나 잡극이 많다. 그리고 산대극의 노장도 육환장(六環杖)을 짚었고, 흑탈(黑假面)인 점이 바라문의 장속(裝束)과 흡사하다.

⑤ 기악의 취호는 산대극의 양반에 해당한다고 했는데 서량기(西涼伎)에 나오는 탈을 쓴 호아(胡兒)의 호등무(胡騰舞)를 추었는데 취태(醉態)였으며, 최령흠의 《교방기(敎坊記)》 곡명(曲名) 중에는 호취자(胡醉子)와 취공자(醉公子)라는 이름이 보인다.

⑥ 그밖에 원숭이도 산대극에 등장하는데 원숭이 놀이는 당대(唐代) 이전부터 중국의 잡희 속에 있었고, 사람이 원숭이탈을 쓰고 한 놀이도 있다.

⑦ 산대극에 무당이 나오는데 나례에도 일찍부터 한대(漢代) 장형(張衡)의 서량부(西涼賦)에 무격(巫覡)이 참여하였고, 우리 민속의 나례에도 무당이 참여하였다.

⑧ 산대극의 주요 탈 색깔을 대별하면 흑적분백(黑赤粉白)인데, 이는 중국 잡희의 탈 또는 도면(塗面)의 주요 색채와 같다.

산대극은 중국의 잡희, 나례와 깊은 인연이 있음을 짐작할 수 있다. 다시 말하면 산대극은 신라시대에 수입된 잡희가 고려, 조선을 통하여 나례와 함께 민간에 계승되는 사이에 형성된 것이라고 본다.

김학주는 1963년의 「나례와 잡희」에 이어 1964년에 작성된 향악잡영(鄕樂雜詠)과 당희(唐戲)와의 비교(比較) 고석(考釋)의 맨 뒤에 [끝머리에 붙임] 항목을 따로 설정하여 최치원(880년 전후)의 향악잡영(鄕樂雜詠) 내용과 기악 관계를 비교하고 있다.

일본의 기악과의 관련 및 이에 따르는 문제점

[앞 부분 생략] 기악이란 《일본서기》에 의하면 스이코〔推古〕천황 20년(612)에 백제에서 일본으로 귀화한 미마지란 사람이 오(吳)에서 배워 전한 것이며, 나라〔奈良〕시대에는 크게 유행하다가 가마쿠라〔鎌倉〕시대에 이르러 쇠퇴한 탈무희〔假面舞戱〕의 일종이다. 일본학자들의 연구에 의하면 기악에는 다음과 같은 23개의 탈이 쓰였다.

(1) 사자(獅子) (2) 사자아(獅子兒) (3) 사자아(獅子兒)
(4) 치도(治道) (5) 오공(吳公) (6) 금강(金剛)
(7) 가루라(迦樓羅) (8) 곤륜(崑崙) (9) 오녀(吳女)
(10) 역사(力士) (11) 바라문(婆羅門) (12) 태고천(太孤天)
(13) 태고아(太孤兒)① (14) 태고아(太孤兒)② (15) 취호왕(醉胡王)
(16) 취호종(醉胡從)① (17) 취호종(醉胡從)② (18) 취호종(醉胡從)③
(19) 취호종(醉胡從)④ (20) 취호종(醉胡從)⑤ (21) 취호종(醉胡從)⑥
(22) 취호종(醉胡從)⑦ (23) 취호종(醉胡從)⑧

그리고 상연 절차는 정식 상연 전에 적면고비(赤面高鼻)의 눈이 예리한 치도(治道)가 등장하고, 뒤에 사자무가 정식으로 상연되며, 연이어 대무(隊舞)인 다른 춤들이 수십 명의 탈을 쓴 등장인물에 의해 상연된다. 또한 이늘 탈의 전체적인 특징은 대면(大面)이라는 점이다. 이상은 극히 간단한 개황이지만 위에 제시한 도표의 다채로운 등장인물을 통하여 기악이 얼마나 화려한 탈 무희였는가를 가히 상상할 수 있다.

그런데 이 기악을 「향악잡영(鄕樂雜詠)」의 신라기(新羅伎)와 비교함에 문제되는 점은 다음과 같다.

첫째, 기악이 일본에 수입된 시대는 서량기(西涼伎)의 시대보다 빠르니, 따라서 신라기보다도 연대가 빠른 것으로 볼 수 있다.

둘째, 기악은 신라에서 건너간 것이 아니라 백제에서 간 것이다.

셋째, 기악이 중국에서 백제를 거쳐 일본으로 건너가는 과정 속에서 그 성격과 상연 형식 및 내용에 많은 변화가 있었을 것이다.

이러한 본질적인 거리가 있음에도 불구하고 이들 두 기(伎) 사이에는 역시 유사점이 있다.

① 기악의 사자무에 사자와 두 호인형(胡人型)의 탈을 쓴 사자랑이 있어, 가장 먼저 등장하여 순압지상(馴押之狀)을 나타내며 춤을 추는 것은 중국의 오방사자, 서량기의 사자무 및 신라기의 사자무와 공통된다.

② 기악의 탈이 모두 대면(大面)에 속한 것임은 신라기의 대면이 있음과 상통된다.

③ 기악의 취호는 술 마시는 것이 주제의 하나인데, 중국의 호등무(胡騰舞) 및 신라의 월전(月顚)과 비슷하다. 그리고 기악의 취호왕 탈이 호인형(胡人型)에 끝이 높이 올라간 호모(胡帽)를 쓰고 있다는 점도 호등이나 월전과 상통한다.

④ 그밖에 나라(나라) 시대에는 당고악(唐古樂)이니 당산악(唐散樂) 같은 것이 수입되었으며 농환(弄丸)도 물론 행하여져 서량기나 신라기처럼 정식 공연 전에 관중의 관심을 끌기 위하여 상연되었을 가능성이 많다.

그리고 기악의 취호종 탈 색깔만 보아도 적(赤), 녹(綠), 자(紫), 백(白), 육(肉)색 등 변화가 많았으니, 신라기 대면(大面)의 황금색이나

속독(束毒)의 남색 같은 것도 당연히 있었을 것이다.

이 기악은 빈일위(濱一衛)가 「기악원류고(伎樂原流考)」(교토대학, 중국문학보, 제9책, 1958)에서 말한 것처럼 중국의 상운악(上雲樂)과 밀접한 관계가 있음은 사실이며, 여기에다 여러 가지 백제화(百濟化) 및 일본화 된 당희(唐戱)가 가미되어 기악이 이루어졌으리라 여겨진다. 그리고 살운악과 신라기가 서량기를 사이에 두고 종적인 관계에 있는 만큼 신라기와 기악이 이상과 같은 부류에 속하는 가무희임은 당연하다 하겠다.

이처럼 신라기와 유사한 탈 무희가 백제에도 있었으며, 또 이들은 양편이 다 당희 및 나례와 밀접한 관련이 있다. 그리고 이혜구가 논고란 것처럼 기악은 조선시대의 산대극과 밀접한 관련이 있다. 그렇다면 우리나라 고대 연극사의 중요한 줄거리는 다음과 같이 설정되어야 할 것이다.

① 우리 고유의 가무의 및 중국의 잡희
② 우리 고유치 것 및 신라, 백제기
③ 민간의 나례 및 잡희(고려시대의 산대잡극 포함)
④ 조선시대의 산대극 및 잡희

다음에는 「Ⅴ. 당희(唐戱)를 통해 본 삼국시대의 가무희(歌舞戱)」의 '제2절 신라와 백제에 수입된 당희' 내용에서 기악 관련기사를 가려내어 요약 소개한다.

① 백제인 미마지가 일본에 전했다는 기악은 당희가 삼국을 통하여 일본에 전입된 예로 볼 수 있는데 기악 속에서 여러 가지 당

희의 흔적을 찾아낼 수 있다.

② 기악에 사용된 음악에는 호사(昊士, 또는 吳王), 금강, 역사, 가루라, 곤륜, 바라문, 대고, 취호의 8곡이 있었다고 한다. 이중에서 바라문이라는 악곡 이름이 당대(唐代) 남탁(南卓)의 「갈고록(羯鼓錄)」 곡명에 보이고, 역시 당대 풍지의 남부연화기(南部烟花記) 에는 금강무(金剛舞)를 수대(隋代) 제갈앙(諸葛昻)이 추었다는 기록이 보인다.

③ 현전하는 기악면(伎樂面)에 취호왕, 취호종의 명칭이 보이는데, 취호는 대고와 함께 최령흠(崔令欽)의 「교방기(敎坊記)」 곡명 속에 보이는 취호자(醉胡子)나 취공자(醉公子) 등에서 나온 것으로 보인다.

④ 「갈고록」의 곡명 태족궁(太簇宮)에는 나리라(羅梨羅), 「교방기」에는 오령자(吳涼子)라는 곡명이 보이는데, 각각 가루나 오왕으로 와전된 것이 아닐는지 모르겠다. 기악면의 명칭은 각각 가루라, 오공이라 부른다.

⑤ 기악에 나오는 사자무는 당(唐)과 신라(新羅)에서 모두 행해졌고, 중국의 고대 나례(儺禮)에서도 금강, 역사를 찾아볼 수 있다. 당대(唐代) 오방사자(五方獅子)의 무인(舞人)들이 곤륜상(崑崙像)을 한 것도 기악의 곤륜과 전혀 무관하지 않은 듯하다.

⑥ 일본의 빈일위(濱一衛)는 「기악원류고(伎樂原流考)」에서 양대(梁代)부터 당대(唐代)에 걸쳐 행해졌던 서호희(西胡戲)인 상운악(上雲樂)에서 기악이 나왔을 것으로 보았다.

⑦ 주사(周捨, 469-524)의 상운악 시(詩)를 보면 곤륜, 금강, 사자에 관한 기록이 보이고, 다시 노호(老胡)와 그 종자(從者)들이 나온다.

⑧ 노호는 "술 마시기를 잘 하였다"고 쓰고 있다. 이 간단한 사실을 보아도 사자, 사자아, 금강, 곤륜 등의 연원을 이곳에서 찾을 수 있겠다.
⑨ 오왕(吳王)이나 오녀는 미마지가 '오(吳)'에서 배워가지고 와서 전했다고 하는데, 상운악의 주제(周帝)와 왕모(王母)가 그렇게 변형된 것인지도 모른다. 상운악은 당대(唐代)에 다시 서량기로 발전한 것으로 나는 보고 있다.

결론으로 기악은 백제를 거쳐 일본으로 흘러들어간 상운악이나, 기타 당희의 변신임이 틀림없다. 기악에는 확실한 당희로서 사자와 바라문이 있고 그밖의 등장인물들도 상운악을 비롯한 기타 여러 가지 당대(唐代) 가무에 근원을 두고 있음을 알았다. 다만 상운악을 중심으로 한 당대 가무의가 일단 백제에 들어와서는 백제화하고 다시 일본으로 건너가 일본화하여 그 흔적이 흐를 따름이다.

김학주는 중국문학 전공자답게 중국 고문헌 원전자료를 두루 섭렵, 원용하여 중국 고대의 가무희와 탈희 양상이 한국과 일본에 끼친 영향을 논증하고, 여기에 특히 상운악(上雲樂)이 기악과 유관하다는 심증을 굳히고 있다. 그렇다면 상운악 내용을 고찰해야 그 실마리가 풀릴 것인 바, 이에 대해서는 「Ⅳ. 중국 고대의 탈희와 한·일 양국에의 영향 — 상운악을 중심으로 하여」에서 그 내용을 적기(摘記)하여 옮긴다(참고1. 이 논문은 「人文科學研究」, 내구내학교, 1992에 실렸던 것임).

상운악의 내용 및 구성

① 상운악은 중국 양대(梁代)에서 당대(唐代)에 걸쳐 행해졌던 탈희이다. 상운악의 연출 모습을 노래한 사람은 네 사람인데, 양(梁)의 무제(武帝, 502-549 재위), 주사(周捨, 469-524), 이백(李白, 702-762), 이하(李賀, 791-817)이다.

② 구름을 타고 선계(仙界)로 올라가 노는 모습을 노래한 양 무제의 신선 위주의 상운악 보다는 주사와 이백의 것이 훨씬 더 가무희로서 상운악의 연출 상황을 자세히 알려 주고 있다. 여기서는 주사의 작품을 소개하고, 이것에 의거해 가무희로서의 상운악의 내용과 구성을 분석해 보고자 한다.

서쪽의 늙은 오랑캐
그 이름은 문강(文康)인데
천지사방을 노닐면서
삼황(三皇)처럼 거만하게 구네
서쪽으론 해지는 몽사(濛汜)를 구경하고
동쪽으론 해뜨는 부상(扶桑)에 희롱하네
남쪽으론 북극 불모의 땅에 이르네

옛날에는 신선인 약사(若士)와 벗하였고
팽조(彭祖)와 함께 자랐다네
옛날에 잠시 곤륜산에 갔다가
다시 요지(瑤池)에서 술을 들게 되었는데

주제(周帝)는 맞이하여 위 자리에 앉혔고
왕모(王母)는 불사약 옥장(玉漿)을 대접했다네
그래서 목숨은 남산처럼 끝없이 되었고
뜻은 금강처럼 단단하게 되었다네

푸른 눈은 아련하고
흰머리는 길다랗네
가는 눈썹은 수염난 곳까지 뻗었고
높다란 코는 입 위로 처져 있네
놀이를 잘할 뿐 아니라
술도 잘 마신다네
퉁소와 저가 앞에서 울고 있네
제자들이 뒤를 따르고 있는데
많은 사람들이 공경스런 모습으로
각기 맡은 일을 하고 있네

봉황새는 늙은 오랑캐 집단의 닭이요
사자는 늙은 오랑캐 집안의 개라네
천자께서는 어지러운 세상을 올바르게 다스리어
다시 해와 달과 달빛을 밝게 하셨네
은택이 내리는 비처럼 베풀어지고
교화가 바람처럼 백성들을 휩쓸었네
자연현상을 살피어 모든 이치를 밝혀내고
양(梁)나라를 방문하기로 뜻을 세워
수레 끄는 사마(四馬)를 배(倍)로 늘이고

길을 닦은 뒤
비로소 천자가 계시는 도읍에 이르렀다네

궁전 앞에 엎드려 절하면서
옥당(玉堂)을 우러르는데
따라온 하인들이 줄지어 벌려 섰고
모두가 염치와 절의를 알고
다같이 의로운 도리를 알고 있는 듯하네
노래소리 피리소리 은은히 울리고
북소리 덩덩 울리어
울림은 하늘에 진동하고
소리는 봉황새 울음 같네

나서고 물러섬이 모두 규칙에 맞고
나아가고 물러감이 모두 가락에 맞네
모든 재주가 다 좋기는 하지만
오랑캐 춤은 그 중에서도 가장 잘 추네
늙은 오랑캐가 부쳐온 상자 속에는
더 기이한 악장들이 있다네
수만리 길을 가려다가
성상께 바지고저 한다는 거네

이것을 차례차례 얘기하려 해도
늙은지라 잊은 것이 많다네
다만 바라건대 밝으신 폐하께서

천만년 장수하시어

즐거움이 다하는 일없으시기를!

(원문 생략)

위의 시를 근거로 하여 양대(梁代)의 상운악(上雲樂)이 어떤 내용과 형식을 지닌 가무희였는가 분석해 보기로 한다.

등장인물

① 이 작품의 주인공은 서역(西域)에서 온 늙은 호인(胡人) 문강(文康)이다. 그는 많은 종자들과 봉황과 사자도 데리고 다닌다. 이 봉황과 사자도 사람이 분장했을 것이다.

② 문강의 내력을 설명하는 앞 대목에서 약사(若土), 팽조(彭祖), 주제(周帝), 서왕모(西王母) 같은 신선과 선녀들이 나와 함께 어울리는 춤을 추었을 것이다.

③ 상운악에는 적어도 수십 명에 달하는 인원이 가무에 동원되었을 것이다. 이 신선들의 춤은 상운악 본래의 모습을 보여주는 부분이다.

분장

① 주인공 문강은 눈이 새파랗고 흰머리가 길며, 긴 눈썹에 높은 코를 가졌으니 호인(胡人) 얼굴모양의 탈을 쓰고 반인반선(伴人半仙) 모습으로 분장했을 것이다.

② 여러 종자들도 서역인의 복색을 하고 호인 얼굴 모양의 탈을 모두 썼을 것이다. 약사, 팽조, 주제, 서왕모 등 역시 각기 어울리는 신선 복장과 화장을 했을 것이며, 탈을 썼을 가능성도 많

다. 봉황과 사자역의 사람도 봉황새와 사자 모양의 탈과 껍질을 뒤집어썼을 것이다.

고사(故事)

① 서역에 문강이란 신인(神人)이 있었다. 그는 세상을 멋대로 노닐면서 약사나 팽조 같은 신선들과 어울리기도 하고 주제와 서왕모의 초청을 받아 대접받기도 한다. 그의 외모는 독특하고 농담도 잘하고 술도 잘 마신다.
② 많은 종자들과 봉황 및 사자가 따라 다니며 함께 춤을 춘다. 문강은 양나라 천자의 성덕(聖德)을 전해 듣고 중국 땅을 찾아와 호무(胡舞)를 추고 기악을 연극하며 축수한다.

춤

① 처음에 등장하여 문강은 화려한 춤을 춘다. 다음에는 약사, 팽조과 어울려서 신선의 춤을 춘다. 주제와 서왕모 잔치자리에서는 술과 옥장(玉漿)을 마시면서 술취한 모습과 우스개짓을 하며 호무(胡舞)를 출 것이다. 이 오랑캐 춤인 호무는 후세에 더욱 성행한다. 이어 종자들이 함께 추는 군무(群舞)가 전개되고, 이어서 봉창과 사자가 나와 문강과 종자들과 어울려서 천자의 성덕을 기리는 춤을 춘다. 그리고 다 함께 춤추면서 천자에게 축수(祝壽)를 한다.
② 상운악에는 신선무(神仙舞), 봉황무(鳳凰舞), 사자무(獅子舞), 호무(胡舞) 등이 있었을 것이다. 후세에 서량기(西涼技) 등에 보이는 사자무나 호등무(胡騰舞) 같은 것은 상운악의 사자무와 호무가 발달한 것으로 추측된다. 다시 말하면 후세의 여러 가지

사자춤과 호인이 술 마시고 우스개짓을 하는 호무는 모두 여기에 바탕을 두고 있다.

상연절차

양 무제의 상운악이 7곡(曲)인 것이 곧 이 가무희가 7장(마당)으로 구성된 것으로 여기게 된다. 제1장/문강이 자신을 소개하는 화려한 춤, 제2장/신선들과 어울리는 신선춤, 제3장/술취한 문강과 여러 종자들의 군무, 제4장/봉황춤과 사자춤, 제5장/문강이 천자에게 진배(進拜)하는 춤, 제6장/다양하게 변화하는 호무, 제7장/천자의 송수(頌壽)를 하는 춤 등이 차례로 펼쳐졌을 것이다.

이상 상운악을 분석해 본 결과 이 탈 무회는 상당한 정절을 갖춘 가무를 위주로 한 놀이였음을 짐작하게 한다.

한국 · 일본에의 영향

김부식의 《삼국사기》 권32에 보이는 최치원(880년 전후)의 「향악잡영(鄕樂雜詠)」(이에 대한 내용은 나의 저서 《탈》(대원사, 1994)의 「우리 탈의 역사」를 참고할 것) 5수(首)를 보면 이미 신라시대에 중국의 탈희가 들어왔음을 알 수 있다. 그 중에서 대면(大面)한 수만을 보기로 든다.

> 황금빛 얼굴을 한 사람이
> 손에 구슬 채찍 들고 귀신을 부르네
> 빠른 걸음 느린 발 섞어 우아한 춤을 추니
> 마치 붉은 봉창새가 요(堯) 임금의
> 태평성세에 봄을 춤추듯 하네

이는 방상씨(方相氏) 춤과 비슷한 일종의 나희(儺戲)임이 분명하다. 이밖에 월전(月顚), 속독(束毒)도 탈희일 것이며, 사자춤인 산예(狻猊)도 있으니 상운악과 서량기를 연결해서 생각해 볼 수 있을 것이다.

(김학주는 상운악이 서량기의 전신(前身)이거나 모체(母體)로 보고 이 두 가무희의 공통점을 다음과 같이 말하였다.

① 눈이 파랗고 코가 큰 호인(胡人)이 등장한다.
② 호인(胡人)은 술을 잘 마신다
③ 호무(胡舞)를 춘다
④ 사자무(獅子舞)가 있다
⑤ 중국의 위덕(威德)을 칭송하는 대목이 있다.)

《고려사》권64 예지(禮志)의 계동대나의(季冬大儺儀)나《증보문헌비고》, 권64 예고(禮考)에 보이는 의종(毅宗) 때 상정(詳定)했다는 계동대나의는 완전히《신당서》권16, 예악지(禮樂志) 대나(大儺)의 재판(再版) 기록이라고도 할 만한 정도이다. 여말(麗末) 이색(李穡, 1328-1396)의《목은집》에는 구나행(驅儺行) 시가 있는데, 오방귀무(五方鬼舞) 눈이 파란 반인반선(半人半仙)의 노호희(老胡戲), 어룡만연지희(魚龍漫衍然之戲)가 보이고 처용무(處容舞)도 있으니 우리 민속도 섞여들었음을 알 수 있다.

이런 것들을 바탕으로 조선시대는 더욱 다양한 나례와 탈희가 발달하여 지금까지도 그 중 많은 부분이 전승되고 있는 것이다.

일본에도「나(儺)」가 전해져 지금도 상연되고 있는 노우〔能〕또는 노우가쿠〔能樂〕는 나(儺)의 일본말 독음(讀音)일 것이다. 그리고 일본에 백제의 미마지가 전했다는 기악은 중국의 탈희에 바탕을 둔 것임을 논한 학자들이 있다.

(김학주는 앞서 언급한 빈일위(賓一衛)의 논문「가악원류고(伎樂原流考)」를 높이 평가하고 있는데, 이는 중국의 상운악이 일본 기악의 모태로 보는 논지에 적극 동의하는데서 기인한 것으로 나는 보고 있다.)

① 빈일위(賓一衛)는 도쿄 국립박물관에 소장된 23개의 기악탈과 나라(奈良)의 악인(樂人)인 고마 치카사네(狛近眞)가 1234년에 필록(筆錄)했다는 《교훈초》를 근거로 하여 기악과 비슷한 중국의 가무희를 추적했다.
② 그는 상운악(上雲樂)을 기악의 가장 가까운 전신으로 보고 있다. 사자와 사자아(2점), 3점의 탈은 상운악의 사자무에 있었다.
③ 취호왕과 취호종(8점) 탈은 상운악의 노호(老胡) 문강과 그의 증자들에 해당하는 사람들이 쓰던 것으로 보았다.
④ 그밖의 금강과 역사는 앞에서 인용한 《형초세시기》의 구나(驅儺)에 등장했고, 바라문도 송대(宋代)에 바라문무(婆羅門舞)가 있었으니 대체로 기악은 중국의 가무희에서 유래된 것으로 보아도 좋을 것이다.

이상에서 김학주의 소론에 까라 중국 고대의 가무희가 한국과 일본에 미친 영향 관계, 특히 기악을 중심으로 그 대강을 살펴보았다. 내가 잎머리에서 밝힌 바와 같이 고대 한·일의 분화 현상을 해명하기 위해서는 그 전제로서 3국간의 유기적이고 역동적인 문화 교류 실상에 주목하여 접근, 종합해 보아야만 그 단서의 맥락을 짚을 수 있을 것이다.

군맹무상(群盲撫象) 또는 '나무는 보되 숲을 보지 못한다'는 경구가 가리키고 있듯이 어느 한쪽으로만 편중된 시각은 전체 모습을 조감할 수 없을 것이다. 그러나 말하기는 쉬워도 '나무 한 그루'를 제대로 보고 그 실제를 가려내는 일 또한 매우 어려운 것임에 틀림없다. 송방송과 김학주의 연구 자료 일부를 여기에 인용, 정리한 사유는 부분과 전체를 연계시켜 시야의 지평을 넓히려는 두 분의 노력을 높이 평가했기 때문이다.

기악 재창조를 위한 시론(試論)
《이혜구 양주 산대도감극과 일본 기악》을 중심으로

1

　기악 재창출이란 의미는 한국 탈놀이의 원류가 오늘날 일본에 잔존한 기악과 관련되어 있음을 전제로 한다. 우리의 탈놀이와 기악과의 유사성 발견에서 시작된 이혜구의 관심은 그동안의 연구를 통해 기악 복원의 가능성을 유도하고 있다. 한국의 전승 탈극 중에서 특히 양주 별산대놀이(이하 '별산대'로 약칭)가 내용 구성의 여러 측면에서 기악과 유사한 점에 착안하여 양자의 비교를 통한 기악 복원의 가능성을 타진한 바 있다.

　민속극 연구 분야에서 최초로 시도된 한·일 양국의 탈놀이 비교 연구는 우리 민속극의 원류 규명에 있어 중국 문헌과 국내 자료 의존이라는 재래의 방법론적 한계를 극복한 데서 그 의의가 적지 않다고 평가된다. 이혜구는 한국 탈극 연구 분야에서 '시각의 확대'라는 전기를 마련했고, 이것이 계기가 되어 국내 연구자들이 탈극과 기악을 연계시킨 논문을 발표하거나 그들 저서나 논문에서 간략하게 다루고 있기도 한다. '가뭄에 콩 나듯' 기악 관련 연구자들의 소견은 거의 한 번의 발표로 끝나 버리고 만 우리 학계의 숨김없는 실정이나. 언구사의 발표 내용에 대한 활발한 토론과 적극적인 비평이 개입되어야 연구 주제가 활성화되고 풍요해지는 것이 평범한 상식이다. 그런데 전통문화의 선반적인 연구 풍토는 예나 지금이나 인적 자원의 빈곤과 물적 지원의 영세 등 제반 여건의 불비(不備)로 제자리

걸음 상태로 보이는데, 이는 변화에 부응하지 못하는 학계의 낙후성과 창조적인 전통문화교육의 부재 등이 맞물려 있어 발본적인 개선은 당분간 어렵다고 진단된다.

이 글의 취지는 이혜구의 연구 성과를 중심 자료로 삼고 이를 보완한 기타 연구자들의 의견들을 원용(援用)하여 우리의 탈극, 특히 별산대와 일본 기악의 유사성 비교 연구를 통한 기악의 복원 및 재창조 가능성을 모색하는 데 있다. 내가 참고 또는 인용한 주요 자료는 다음과 같다.

1. 이혜구, 「기악과 산대가면극(山臺假面劇)」, 한국민속연구논문집 2, 일조각(一潮閣), 1982.
2. 이혜구, 「양주 산대도감극(山臺都監劇)과 일본 기악, 백제 기악의 복원 세미나」, 한국민속예술연구원 충남지부, 1991.
3. 심우성, 《한국의 민속극(民俗劇)》, 창작과 비평사, 1975.
4. 이두현, 《한국가면특선(韓國假面劇選)》, 교문사, 1997.
5. 노마 세이지[野間淸之], 《日本假面史》, 東洋書院, 1943.

먼저 별산대와 기악의 구체적인 비교에 앞서 양자의 유사성과 차이성에 관한 기초사항을 간추려 본다.

① 별산대와 기악은 겉보기로는 다른 것 같지만 내용 구조에 유사성이 많아 양자의 비교 연구가 시도되었다.
② 기악은 현재 그 연행(演行)이 단절되어 있다. 단지 기악에 관한 단편적인 해설이 일본 무악사(舞樂史) 문헌인 《교훈초(敎訓抄)》(1233년 편찬)에 실려 있다. 별산대는 현재 연행되고 있지만 이

것의 연원(淵源)을 규시(窺視)할 수 있는 《교훈초》정도의 국내 자료는 미발굴 상태에 있다.
③ 8세기 중엽에 제작된 기악탈(伎樂假面) 다수가 일본 쇼우소인〔正倉院〕에 보존되어 있는 데 반해, 별산대탈의 경우 고형(古形)이 없기 때문에 양자의 조형 특징의 단순 비교는 불가능하다.

이와 같이 별산대와 기악에 관한 기초 사항을 적시(摘示)한 이혜구는 "다같은 탈춤극이기 때문에 현재 연행되지만 과거의 모습을 보여줄 문헌이 없는 산대놀이와 현재는 연행되지 않지만 13세기의 모습을 규시(窺視)할 수 있게 하는 문헌이 있는 기악이 상보(相補)되면 기악의 복원이 가능하리라고 믿는다"라고 복원 가능성을 예견하고 있다.

별산대 내용은 1930년에 조종순(趙鍾洵)이 구술한 《산대도감극》(서울대 도서관 소장)의 과장 구성에 따랐고, 기악 내용은 주로 《교훈초》의 기악 관련기사 주석에 의거했다. 별산대 대본은 조종순 구술본을 위시하여 임석재, 최상수, 이두현 등의 채록본과 내가 정리한 김성대 구술, 채록본이 주요자료로 되어 있다.

이혜구가 자료로 사용한 조종순 대본과 나의 김성대 대본(이두현이 채록한 박준섭, 김성태 대본과 과장구성이 거의 동일함)을 비교하면 과장구성에 약간의 차이를 나타내고 있다.

전승 탈극의 구성과 대사는 현대식 개념의 고정된 극본이 아니라, 구전으로 선승되기 때문에 시류(時流)의 변동, 공연 환경의 조건, 연희자의 기억, 채록자의 관점 등 복합적인 요소가 작용하여 끊임없이 수정, 보완된다는 데 그 특징이 있다. 구성과 대사의 신축성은 자연스런 귀결이며 이에 따라 과장 구분이 11과장이든 8과장이든 전체

양주 별산대놀이 구성

	조종순 구술본(1930)	김성대 구술본(1968)
제1과장	상좌춤	상좌춤
제2과장	옴중	옴중
제3과장	목중	목중과 옴중
제4과장	연잎	연잎, 눈끔적이
제5과장	팔(8)목중	팔목중 제1경 염불놀이
		제2경 침놀이
		제3경 애사당 법고놀이
제6과장	관(冠) 쓴 중	노 장 제1경 파계승놀이
		제2경 말뚝이(신장수)
		제3경 취발이
제7과장	노장	샌 님 제1경 의막사령 놀이
		제2경 포도부장 놀이
제8과장	말뚝이	신할아비와 미얄할미
제9과장	취발이	
제10과장	샌님	
제11과장	신할아비	

녹이 내용에 별다른 장애가 되지 않는다. 별산대는 길놀이(길놀이)와 탈놀이(탈놀이)로 크게 구분된다. 앞 순서인 길놀이에는 탈꾼과 악사 전원이 서낭대와 탈들을 앞세우고 집돌이를 하게 된다. 지신밟기를 겸한 집돌이가 진행되는 낮 동안에는 집집마다 찾아가서 주식(酒食)을 대접받고 공연 비용도 추렴하게 된다. 탈놀이가 시작되는 밤에는 탈판에 고삿상을 차리고 탈 고사를 지내는 것이 상례로 되어 있다. 길놀이에 이어서 탈놀이가 시작되는데 탈놀이 각 과장의 명칭은 주역으로 등장하는 인명(人名)에서 따온 것이다. 각 과장별 주요 배역의 신분 내역은 다음과 같은데 여기서는 조종순 구술본의 11과

장 순서에 맞추었다.

① 상좌(上佐): 10대 전무의 소년 행자
② 옴중: 얼굴에 옴이 오른 건달 중
③ 목중: 불도(佛道)를 저버린 파계승으로 일명 먹중(먹중)으로 불린다. "목중은 한 몫 두 몫 하는 몫에서 온 말로 내 몫, 즉 자기가 맡은 배역을 뜻한다"는 이두현의 견해가 있다.
④ 팔(8) 목중: 보통 상좌 2, 목중 4, 옴중, 완보를 합쳐서 팔목중이라 한다. 목중 4 중에는 관(冠) 쓴 중이 포함되기도 하며, 여러 목중을 가리키는 범칭으로 팔목이라고도 한다.
⑤ 연잎과 눈끔적이: 머리를 연(蓮)잎 모양으로 치장한 연잎은 고승(高僧) 신분으로 천신(天神)인 천살성(天殺星)을 상징하고, 대역인 눈끔적이 역시 고승으로 지신(地神)인 지살성(地殺星)의 의미를 띠고 있다. 뭇 생물이 이 둘의 눈에 비치게 되면 죽는다고 하여 연잎은 부채로, 눈끔적이는 장삼(長衫)자락으로 얼굴을 가리고 등장한다.
⑥ 관(冠) 쓴 중: 팔목중에 속한 중으로 보는 게 통념인데 이혜구는 견해를 달리한다. 즉 양반치 흑색 관을 쓴 중은 있을 수 없기에 관 쓴 중은 실제 중이 아니라 부유한 속인(俗人)으로 보고 있다. 또한 관 쓴 중이 중 신분이면 어린 계집(애사당)을 돈으로 유혹할 수 없다는 점도 들고 있다.
⑦ 노장(老丈): 늙은 중의 존칭
⑧ 말뚝이/양반집의 머슴(下人), 벼슬아치를 모시고 말고삐를 잡고 다니던 머슴들이 썼던 말뚝벙거지에서 유래된 이름으로 보인다.

⑨ 취발이: 절에서 허드렛일을 하는 불목하니(노총각).
⑩ 샌님: 낮은 벼슬인 생원(生員)과 주변머리 없는 인물을 가리키는 이중의 의미가 있다.
⑪ 신할비와 미얄할미: 흰 할아비, 즉 백발노인이란 뜻인 것 같고, 미얄할미의 어원은 미상이나 혹시 미아리댁(宅)에서 유래한 것이 아닌가 한다. '댁'이나 '집'은 여자의 친정동네나 주거지 이름 밑에 붙여 그곳에서 온 부인 또는 여자라는 뜻으로 쓰는 칭호이다.

위에서 언급한 외에 제4과장 팔목중에 등장하는 완보(完甫)라는 특이한 배역이 있다. 나이 많은 중인 완보의 원래 이름은 '원목중'인데 옛 연희자 중에 원목중역을 잘 하는 김완보(金完甫)라는 이가 있어 점차로 완보라고 부르게 된 것이 그 유래라고 한다. 이 사례가 말해주듯 이 탈놀이는 오랜 세월 전승되어 오면서 어떤 변화의 계기가 생기면 자연스럽게 그것을 수용, 적응시켜 온 것이다.

2

별산대와 비교한 기악의 연행 구성은 별산대 구성과 비슷하다. 먼저 길놀이 성격인 교우도(行道)가 있고 교우도(行道)에 이어서 판놀이가 벌어지는데 《교훈초》의 기록에 의하면 10곡(曲)(과장)으로 구분되어 있다.

① 사자(獅子) ② 오공(吳公) ③ 금강(金剛) ④ 가루라(迦樓羅)
⑤ 바라문(婆羅門) ⑥ 곤륜(崑崙) ⑦ 역사(力士) ⑧ 대고(大孤)
⑨ 취호(醉胡) ⑩ 무덕악(武德樂)

별산대의 연희 순서는 편의상 과장(科場)으로 구분했는데, 기악의 경우 '곡(曲)'으로 표기되어 있다.

별산대의 길놀이에 해당하는 '교우도(行道)'와 판놀이에 해당하는 '10곡(曲)'의 내용은 등장 배역의 성격을 중심으로 살펴본다.

1. 교우도[行道]

교우도[行道]에 등장하는 배역 순서는 ① 치도(治道 · 길라잡이) ② 사자(獅子) ③ 용물(踊物 · 춤꾼) ④ 적취(笛吹 · 피리잽이) ⑤ 모관(帽冠) ⑥ 타물(打物 · 타악기잽이) 등으로 구성된다.

① 치도(治道): 《교훈초》에는 치도에 관한 기록이 실려 있지 않다. 기악 관련 일본 사찰의 자재장(資材帳, 재산목록 대장)에 치도에 관한 기록이 있고, 실물 치도탈이 쇼우소인[正倉院]에 보존되어 있다. 치도는 글자 뜻 그대로 교우도[行道]의 선두에서 깃발[令旗]를 들고 벽사(辟邪) 역할을 하면서 대열을 이끄는 길라잡이로 추정된다.

② 사자(獅子): 사자는 그 모습 자체가 벽사(辟邪)를 상징한다. 《교훈초》에 기재된 사자는 일월조음(壹越調音)이란 악사(樂詞)에 맞추어 춤을 춘다고 한다.

③ 용물(踊物): 우리말로 춤꾼(춤꾼)이란 뜻인데 그 수는 미상이나 흥취를 돋구는 춤을 춘 것으로 추정된다.

④ 적취(笛吹): 피리잽이[橫笛]는 타물(打物), 즉 타악기잽이와 더불어 악사 역할을 한 것으로 보인다.

⑤ 모관(帽冠): 모(帽)자와 관(冠)자를 분리하여 모(帽)는 모자를 쓴 중들로, 관(冠)은 관을 쓴 어린이 또는 어른으로 보는 견해, 또는 모자를 쓴 취호종(醉胡從)의 무리로 보는 견해가 있다. 모관(帽冠)은 말뜻 그대로 풀이하면 모자를 쓴 벼슬아치이므로 나는 교우도 행렬을 지휘하는 장자(長者)로 추정한다.
⑥ 타물(打物): 타악기잽이를 말하는데 三鼓(장고와 비슷한 악기), 요고(腰鼓) 2명, 동박자(銅拍子·제금 비슷한 금속악기) 2명, 도합 4명으로 구성되어 있다.

교우도(行道)의 내용 구성이 별산대의 길놀이와 매우 유사하여 양자의 성격을 오늘의 공연조건을 참작하여 조율하면 기악 복원의 첫머리인 길놀이는 어렵지 않게 풀릴 것으로 기대된다.

2. 판놀이(기악 10곡)

길놀이(行道)에 이은 본격 놀이판이 되는 기악 10곡, 즉 판놀이 과장의 등장배역에 대해 개괄해 본다. 이에 대한 서술은 일인 연극사학자 노마 세이지(野間淸之)의 《일본가면사(日本假面史)》(1943)에 수록된 기악 내용을 중심 자료로 삼고, 미진한 부분은 여타 연구자의 소견과 나의 의견을 덧붙이는 형식으로 전개시켜 본다.

1. 사자(獅子), 사자아(獅子兒)
사자춤은 현재 일본의 경우 여러 지역의 전통놀이 행사에서 필수적인 요소의 등장하고 있다. 행사의 성격에 따라 사자춤의 형식과 기예가 다양한데 그 뿌리를 기악의 사자춤에 두는 것이 통설로 되어 있다.

① 사자(사자 머리탈을 쓴 연기자)는 사자아로 불리는 2명의 소년이 잡고 있는 손 그물에 이끌려 놀이판에 등장한다. 사자머리는 오색(五色) 털로 치장되었다고 한다(法隆寺資財帳 기록). 이는 중국 당(唐)나라의 귀자기(龜玆伎)에 나오는 오방색(五方色) 사자 계통인 것이다. 《교훈초》에 기술된 사자의 연기는 세 번 높이 뛰어오르고 세 번 입을 아래로 한다고 했으니 현재의 사자춤과 크게 다르지 않다. 사자의 구실은 관중의 시선을 높이 판으로 끌어들이는 일과 부정씻이 등의 의식무(儀式舞)를 병행한 것으로 추정된다.

② 사자아는 중국 당(唐)나라의 《예악서(禮樂書)》에 기재된 사자랑(獅子郞)이 곧 사자아에 해당한다. 화려한 옷차림과 치레거리를 한 사자아는 사자를 조정하면서 상당한 연기를 한 것 같다.

2. 오공(吳公)

중국 오나라의 국왕 또는 귀인으로, 아니면 보통 남자로 보고 있다. 오공은 부채를 쥐고 나와 피리 부는 몸짓을 한다고 《교훈초》에 기재되어 있다. 탈을 쓰고 피리를 불 수 없으므로 피리 부는 시늉만 연기했을 것이다. 판놀이의 시작을 알리는 배역으로 보이는 오공(吳公) 기악 놀이패의 앞잽이 역할로 보는 견해도 있다.

3. 금강(金剛)

금강역사(金剛力士)는 사찰 입구 출입문 좌우에 안치해 놓은 수문장(守門將)이다. 원래 금강역사는 한 사람을 가리키는 말인데 기악에서는 금강(金剛)과 역사(力士) 둘로 구별되어 있어 누가 금강이고 역사인지 판별하기가 애매하다. 불가(佛家)의 설(說)에 따라 입을 벌리고 있는 개구(開口)탈을 금강, 입을 다물고 있는 폐구(閉口)탈을 역사로 보고 있다. 금강과 역사는 불법(佛法) 수호자라는 본래의 의미는 퇴색하고 단지 완력이 강한 인물로 변질되어 있다.

4. 가루라(迦樓羅)

불경(佛經)에 나오는 상상의 영조(靈鳥)인 금시조(金翅鳥)를 말한다. 머리는 새, 몸은 사람 형상이고 날개는 금빛, 부리는 불꽃을 내뿜고 용을 잡아먹는다고 하며, 인도신화에서는 독사를 잡아먹는 영조로 숭배되고 있다. 《교훈초》에는 가루라의 명칭을 '게라하미(ケラハミ)'라 했는 바, 이는 해충인 땅강아지를 먹고사는 새로 풀이되기도 한다. 가루라의 부리는 소옥(小玉)을 물고 있는데, 이 모습을 벌레를 잡아먹는 딱따구리〔啄木鳥〕로 보기도 한다. 기악탈 중에서 새 모습을 한 것이 하나밖에 없으므로 이 탈의 식별은 가장 쉽다. 그 연기는 《교훈초》에 '빠른 손춤〔舞人走手舞〕'이라고 기록된 점을 미루어 매우 역동적인 춤사위를 구사한 것으로 믿어진다.

5. 곤륜(崑崙)

곤륜 과장은 가장 강렬한 극적인 장면으로 구성되어 있어 기악 놀이의 중심을 이루고 있다. 곤륜은 오녀(吳女)를 희롱하다가 역사(力士)의 제재를 받게 된다. 이 과정에서 충격적인 장면이 연기되는 바, 곤륜은 부채를 손에 잡고 있는 남근(男根)을 두드리는 노골적인 행위를 하게 된다. 역사는 그 남근을 밧줄로 묶어 돌리다가 결국은 남근을 때려 부러트리게 된다. 이처럼 곤륜, 오녀, 역사가 어울려 빚어

내는 애욕갈등의 극한 장면은 보통의 상식을 뛰어넘는 파격적인 것이다.

곤륜의 신분에 대한 해석은 그 탈 모습이 기괴한 만큼이나 다양한 견해가 있다.

① 중국 간전하(干闐下)의 상류 지역을 지칭하는 곤륜은 호인풍(胡人風)의 인물이다.
② 중국 서부 지방의 전설적인 영산(靈山)을 의미하는 곤륜은 신선적(神仙的)인 존재다.
③ 남해(南海)의 섬나라를 의미하므로 곤륜은 흑인(黑人)으로 해석된다.

특정 지역과 연계된 것으로 보는 곤륜은 고대 중국의 호인(胡人) 또는 신선(神仙), 남해(南海)의 흑인(黑人) 등 여러 갈래로 추측되어 그 신원이 불분명하다. 때문에 어떤 것이 곤륜탈인지 식별하기 어려웠다. 인륜(人倫)을 파괴하는 곤륜의 연기를 미루어 기악탈들 중에서 이같은 특성에 맞는 것은 귀가 삼각형으로 뾰족하고 이빨이 개처럼 돌출된 반인반수(半人半獸)의 표정을 띤 탈로 판정되었다. 기괴한 모습의 곤륜은 고대중국의 노예로 보이는 남해의 우직한 흑인을 연상시키며, 중국 당대(唐代)의 시(詩) 가사 중에 "노예의 귀는 밥숟갈 형태"라는 구절이 이를 시사해 주고 있다. 흑인 노예가 미녀인 오녀를 희롱한다는 일 자체가 신분상 도저히 불가능한 일이므로 그만큼 반어석(反語的) 효과가 발생하게 된다. 또한 노골적인 구애(求愛) 장면은 희극적인 효과를 극대화하고 있다. 이같은 곤륜의 빈인륜적 행위는 당연히 윤리규범에 의해 준엄한 제재를 받을 수밖에 없다. 이같은 피지배자의 비극은 지배자가 볼 때 한낱 웃음거리로 비치게 된다. 이렇게 이해하면 곤륜 과장의 의미가 비로소 해명되는 것이다.

6. 오녀(吳女)

유일한 홍일점 배역으로 오공(吳公)과 연계하여 오나라 왕비 또는 공주로 보고 있다. 《교훈초》에는 오녀로 기악 관계 사찰의 자재장(資財帳)에는 오녀로 표기되어 있다. 이는 일본어음으로 '오(五)'와 '오(吳)'가 똑같이 '고'로 발음되어 혼용된 사례로 보고 있다. 《교훈초》에는 "오녀가 등로(燈爐) 앞에 선다. 2명은 부채를 들고 2명은 자루를 가지고 나온다"고 했으니, 등장여성은 합계 4명이다. 따라서 오녀(여자 5명)란 표기는 잘못된 것이다. 옛 사찰의 자재장(資財帳)에는 1명으로 나와 있다. 추측하건대 원래 1명이었던 여성이 4명으로 늘어난 사유는 훗날의 관중이 보다 많은 미녀가 등장하는 것을 좋아했던 것으로 풀이된다. 그리고 오녀 탈은 아이가 아니면 쓸 수 없을 정도로 작은데 이는 거대한 곤륜 탈에 대한 대비 효과를 계산했기 때문일 것이다.

7. 역사(力士)

위에서 말했듯이 역사는 곤륜의 남근을 밧줄로 묶어 끌어당겨 그의 색욕(色慾)을 징계하는데 이같은 행위를 마라후리(マラフリ) 춤이라고 《교훈초》에 적혀 있다. 마라(マラ)는 불교 관습에서 악마 또는 남근의 속어(俗語)라고 한다. 역사는 금강저(金剛杵)를 들고 산문(山門)을 키는 신장(神將)인데 그런 자가 곤륜의 남근을 희롱하는 장면에서 껍데기만 남은 계율이나 윤리의 허위성을 무자비하게 파괴시키는데 무자비한 징계가 있는 것이다.

초기에는 금강저만 가지고 춤추었는데 점차로 비속화되어 '마라후리' 춤이 되었다고 보는 견해도 있다. 그러나 남근이 등장하는 행위는 원시시대의 일반적인 습속으로 기악의 원류와 관계있는 것으로 추정할 수 있는 그리스의 디오니소스(Dionysos) 제례(祭禮)에도 '남근'이 등장한다. 이를 미루어 후대에 이르러 비속화되었다는 가설은 무리가 있다고 보는 견해도 있다.

일본의 고대 와카집(和歌集)인《만엽집(萬葉集)》에 역사(力士)의 춤을 노래한 구절이 있다. 그 의미에 대해 "불법을 수호하고 악마의 힘을 제압하는 역사(力士)의 춤은 색음(色淫)과 사음(邪淫)을 엄단, 그것의 근원을 말살시키기 위한 표현"이라는 해설도 있다.

8. 바라문(婆羅門)

고대 인도의 네 계급 중에서 가장 상층부에 속한 승려, 학자층으로 그들은 용모가 단정하고 청정고결하며 지혜에 통달하고 악무(樂舞)를 익혀 제례와 교법을 주관했다고 한다.《교훈초》에 바라문은 '기저귀 빠는 사람'이란 별칭으로 되어 있고, 사이다이지〔西大寺〕와 간제온지〔觀世音事〕의 자재장(資財帳)에는 바라문의 부속물로 비단수건〔帛洗物〕이 열거되어 있다. 원래는 비단을 씻는 연기자 후대에 '기저귀 빨래'로 비하된 것으로 보는 견해도 있다. 고귀한 신분의 바라문과 '기저귀 빨래'라는 가치 전도(顚倒)의 대칭에는 분명 반어적인 풍자 효과가 드러나 있다 '기저귀 빨래'는 고대 인도에서 부처에게 헌포(獻布)하는 관습에서 유래된 것으로 보는 견해도 있나. '기서귀 빨래'라는 비속화의 의미는 물교 신앙을 근간으로 줄발된 기악이 점차로 세속화되는 과정에서 퇴락된 부분으로 인식된다.

9. 대고(大孤), 대고아(大孤兒)

《교훈초》에는 대고가 '노녀파(老女婆),' 즉 노녀(老女)로 표기되어 있다. 현존 탈명(假面銘)에는 태조부(太爪夫)로 적혀 있고 실물 탈에도 수염구멍이 있고 여러 사찰의 자재장(資財帳)에도 태고부(太孤夫)라고 명기(明記)된 사례가 적지 않다. 이를 미루어 대고는 노녀가 아닌 남성 노인(老人)이 옳으며 '노녀파'로 표기된《교훈초》의 기록은 와전 또는 오기(誤記)일 것으로 보고 있다.

대고의 연기 내용은 두 아이의 양자(養子), 즉 대고아를 데리고 나와 불상 앞에서 아이들의 허리를 누르고 무릎을 때려 구부리게 한 다음 예불(禮佛)시키는 것으로 되어 있다. 연기 장면의 문제는 아이들을 체벌하는 강압행위인데 이를 남자가 연기하면 장면효과와 흥미가 크게 줄어든다는 데 있다. 이런 점에서 아이들에 대한 강압 행위는 부정된다. 특히 대고는 혼자 걸을 수 없을 정도의 고령자이므로 만약 그가 힘을 쓴다고 해도 별 효과가 없게 된다. 그렇다면 왜 노파라고 부르게 되었을까? 대고를 노파로 본 이유는 바로 옷차림새에 있다. 늙은이의 경우 옷차림에 있어 남녀의 구별이 어렵기 때문에 대고가 고령자임을 과장하기위해 여성 옷차림으로 분장할 가능성이 크다고 본다.

기악에서 대고의 존재는 각별한 주목의 대상이 된다. 곤륜을 비롯한 역사, 바라문 등 다른 배역은 불상 앞에서 거침없는 광태(狂態)를 보이는데 비해 불전(佛前)에서 예배를 올리는 배역은 오직 대고 뿐이다. 이는 고대 제례 의식은 일반적으로 노인이 주재하는데 그 전통을 따른 것이 대고 과장으로 풀이된다.

대고아는 그 성격이 양자라기보다는 노인의 시중을 드는 역할로 이해해야 한다. 대고탈은 마음씨 좋은 노인 모습을 띠고 있어 아이들을 학대하는 잔인성은 전혀 보이지 않는다. 대고아탈은 이름(假面

銘)이 있는 것이 2개 있는데, 하나는 보통 아이 형태이고 다른 것은 고아(孤兒)임을 표시하는 듯 어두운 표정을 띠고 있다. 그 표정은 학대당하는 양자로 해석할 수 없고 오히려 노인의 시중을 드는 표정으로도 충분히 어울리는 모습이다.

10. 취호왕(醉胡王), 취호종(醉胡從)

취호 과장은 취호왕 1명과 취호종 8명이 등장하는 것으로 알려져 있다. 이 과장은 취호(醉胡)라는 말 뜻 그대로 술취한 호인(胡人), 즉 외래인(外來人) 무리가 나와서 한바탕 법석을 부리며 흥청거리는 놀이판을 벌인 것으로 짐작된다. 우두머리 취호왕은 위엄을 유지하고 있지만 나머지 취호종 무리(취호왕의 종자들)는 크게 웃거나 휘파람을 불면서 신명나게 놀았던 것으로 보고 있다. 그리스 신화의 주신(酒神) 디오니소스를 기리는 가장행렬에 비유되는 취호 과장은 관객들도 연기자와 함께 어울려 흥겨운 잔치판을 꾸몄던 것이 아닌가 한다. 이같은 놀이 장면은 '수확에 감사하여 하늘에 제사 지내는' 고대 농경공동체의 제례 의식에까지 연관·소급되는 것으로 보인다.

11. 무덕악(武德樂)

'무덕악은 판놀이가 끝난 다음 일종의 장내 정리용으로 연주된 아악(雅樂)으로 보고 있다. 원래는 기악용(伎樂用) 악곡인 일월조음(壹越調音)이 연주되었으나 그 명맥이 끊어져 아악을 대용한 것으로 추정된다.

이제까지 별산대와 기악의 관계를 등장 배역의 성격을 중심으로 살펴보았다. 양자의 관계를 도표로 나타내면 다음과 같다.

산대탈극	기악
옴	타물
먹중	용물
연잎	오공
팔먹중, 완보	가루라, 금강
관쓴 중	바라문
노장	곤륜
취발이	역사
샌님	취호
신할아비	태고부
무악(巫樂)	무덕악

이혜구 작성, 1969

기악	산대놀이(중부형)	봉산탈춤(북부형)
타물	옴	없음
용물	먹중	없음
오공	연잎	없음
가루라,금강	팔먹중,완보	팔먹중
바라문	관쓴 중	사당춤
곤륜	노장	노장
역사	취발이	취발이
취호	양반(샌님)	양반
태고부	신할아비	영감
무덕악	무악(진오귀굿)	무악(다리굿)
사자	없음	사자

서연호 작성, 1993

다음의 도표 내용에서 별산대와 기악의 등장 배역과 과장 성격이 사자만 제외하고 밀접하게 관계되어 있음을 보게 된다. 따라서 이혜구가 오랜 세월 지켜온 이른바 탈극(假面劇) 기악기원설(伎樂起源設)은 그 내용이 더 보완되고 정리되면 정착될 개연성이 높다고 나는 보고 있다.

3

1991년 이혜구는 기악 복원에 대한 방안을 제시했는데, 그 발제문은 「양주 별산대도감극과 일본 기악」으로 그 목차 구성은 다음과 같다.

①구성 ②내용과 주제 ③등장인물 ④탈 ⑤무대와 장면 ⑥대사 ⑦음악·무용

별산대와 기악 관계의 전 항목을 포괄한 이 발제문은 이혜구가 자신의 연구 성과를 총결산하는 성격으로 그 의의가 자못 크다고 보겠

다. 발제문 발표 이후 10여 년이 지난 이제 내가 관심을 두게 된 점을 후학의 한 사람으로서 뒤늦게나마 송구스럽게 생각한다.

발제문과 목차 구성에 따라 이혜구의 논고를 나의 주견(主見)에 따라 인용, 윤문, 정리하여 기악 복원의 '1차 자료'로 제시하고자 한다. 앞으로 이 방면 연구의 활성화를 기대하면서……

1. 산대놀이와 기악의 구성

이혜구가 자료로 인용한 산대놀이 대본은 조종순본인데, 그 과장은 11과장으로 구성되어 있다.

① 상좌춤 과장
② 옴 과장
③ 먹중과 옴중 과장
④ 연잎과 눈끔쩍이 과장
⑤ 팔목 과장(염불놀이와 침놀이)
⑥ 관(冠) 쓴 중 과장(애사당놀이와 북놀이)
⑦ 노장 과장
⑧ 말뚝이(또는 신장사) 과장
⑨ 취발이 과장
⑩ 샌님 과장(말뚝이와 포도부장)
⑪ 신할애비 과장(신할애비와 넋두리)

제1과장 상좌춤과 사자춤

어린 상자 2명이 등장하여 합장재배 등의 춤을 통해 놀이의 무사함을 비는 의식무는 기악의 교우도(行道)에 나오는 사자춤과 대비된다. 기악 복원시에는 상좌춤과 사자춤의 조율과제가 대두된다.

(제1과장에 대한 이혜구의 설명이 없어 나의 소견을 밝힌 것이나.)

제2과장 옴과 타악기잽이〔打物〕

막대기와 제금을 치는 옴은 기악 교우도〔行道〕의 맨끝 자리에 위치한 타악기잽이〔打物〕, 즉 삼고(三鼓)와 동박자(銅拍子)를 치는 악사(樂士)와 대비된다.

제3과장 옴과 모관(帽冠), 먹중과 춤꾼〔踊物〕

① 장삼을 벗어 버리고 두 뺨 가량 세 겹 새끼줄을 쥐고 등장하는 옴은 벙거지를 썼는데 이는 기악 교우도(行道)의 모관(帽冠)에 해당된다고 하겠다.

② 옴의 대역인 먹중은 "대방(大榜)에 휘몰아예소"(춤을 추겠다는 말)라는 대사로 미루어 춤꾼으로 보아도 무리가 없다. 따라서 먹중은 기악 교우도〔行道〕의 춤꾼〔踊物〕에 해당된다.

제4과장 연잎과 오공(吳公)

연잎과 눈끔쩍이 두 탈을 먼저 가져간 곳에서 흥행을 한다는 관습은 연잎이 흥행주임을 암시한다. 연잎은 기악 놀이의 흥행주로 추정되는 오공과 대비된다.

이렇다 할 줄거리 없이 진행되는 위의 4과장은 풍물에서 기, 쇠, 징, 장고 등이 입장하여 인사하는 것과 유사하다. 따라서 (상좌춤) 옴, 먹중, 연잎 과장을 기악의 교우도(行道)에 해당한다고 하겠다.

산대놀이의 구성은 위의 4과장이 입장이고, 그 다음의 팔먹중 과장에서 끝 과장인 신할애비까지가 극(판놀이)이라 하겠다. 단, 기악의 사자놀이가 산대놀이에 추가되었을 때 양자의 구성이 같다고 하겠다(나는 상좌춤과 사자춤을 제1과장에 대비시킨 바 있다).

[복원과제] 위의 4과장을 독립된 과장으로 다루지 말고 한 줄로 서서 입장하도록 구성하는 게 좋으리라 생각한다.

전경(前景)과 후경(後景)

산대놀이는 입장 과장 다음의 매 과장은 전경과 후경으로 되어 있다. 이에 비해 기악에는 그런 전경과 후경이 분명하지 않거나 없다.

(산대놀이의 과장 내용을 전경과 후경으로 구분하는 까닭과 그 의의가 어떤 것인지에 대해서는 서연호(1993)의 견해를 인용, 소개한다.)

"이혜구는 중부형 (산대놀이)의 등장과 퇴장의 형식에 관한 연구에서 특별히 기악에 관하여 언급하지는 않았으나, 일본의 노오무대[能舞臺] 및 노오[能]의 등퇴장 형식과 비교함으로써, 간접적으로 기악과의 비교 연구를 시사하기도 하였다. 중부형에서 특수한 등퇴장의 형식과 결말, 반복, 춤을 덜어내면 그 과장은 다음과 같이 정리된다는 것이다.

제1과장/상좌의 의식무
제2과장/옴(樂人), 먹중(舞人), 연잎[領率者]의 교우도[行道]
제3과장/제1경 염불놀이 제2경 침놀이
제4과장/제1경 사당놀이 제2경 불놀이
제5과장/제1경 먹중놀이 제2경 소무놀이

제6과장/제1경 신장사 제2경 취발이

제7과장/제1경 말뚝이 제2경 포도부장

제8과장/제1경 신할애비 제2경 넋풀이

이처럼 모든 관장이 전경 및 후경으로 나누어지는 구성에 대해 그는 주목하였다. "일본 노오(能)의 한 거리가 대개 마에지테(前仕手, 「노오」에서 중간 휴식 이전에 등장하는 주역 배우) 또는 전장(前場)과 노치지테(後仕手, 「노오」에서 중간 휴식 이후에 등장하는 주역 배우) 또는 후장(後場)의 둘로 이루어진 것처럼, 산대탈극의 한 과장도 1경과 2경으로 이루어졌던 그 제1경은 사건을 제시하고, 제1경은 교훈적 귀결을 담은 점이다. 이렇게 제1경에 교훈을 담은 점에서 산대탈극은 원래에는 영국 15세기의 morality play(교훈극)과 유형을 같이 한 것이라 생각한다. 봉산탈극이 산대탈극의 제2경에 해당하는 부분을 빼고 '놀이' '춤'으로 변한 데 대하여, 양주 산대탈극은 제1, 제2경을 구비하여 교훈극의 고형(古形)을 비교적 온존하게 보존하고 있는 점에서 주목된다."(이혜구, 「양주 산대탈극의 등장과 퇴장의 형식」, 동방학지 20집, 연세대 국학연구원, 1978)

그의 이러한 지적은 물론 만국과 일본의 기악 구성 원리에 모두 적용될 수 있는 내용이어서, 앞서의 연구 내용과 더불어 획기적인 업적으로 평가된다.

[복원과제] 기악의 교우도(行道)는 입장과 무용의 합성으로 고쳐지고 산대놀이의 전경과 후경이 그대로 유지되는 것이 원형에 충실하리라고 믿는다.

2. 산대놀이와 기악의 극 내용과 주체

산대놀이의 극 내용은 무대를 가리는 막(幕)이 없음으로 인하여 생기는 등장과 죄장의 특수한 형식을 먼저 이해해야 한다. 예를 들면 막이 없기 때문에 노장 과장에서 음이 죽도록 곤장을 맞고서도 벌떡 일어나서 "소상 반죽(班竹) 열두 마디……"라고 불림까지 하고나서 춤추며 퇴장하고, 또 신할아비 과장에서는 죽은 미얄할미가 굿거리 장단에 맞추어 일어나서 딸과 함께 퇴장한다. 이런 춤에 의하여 특이한 극적 전환을 이루고 있다.

다음에 (판놀이에 해당하는) 팔먹중과 가루라(迦樓羅), 관(冠) 쓴 중과 바라문, 노장(老丈)과 곤륜, 샌님과 취호, 신할아비와 대고 과장의 내용과 주제를 차례로 살펴보겠다.

① 팔먹중과 가루라(迦樓羅), 금강(金剛)
팔먹중이 등장하여 새면 앞에 앉았다가 차례로 노래하고 춤을 춘다. 가루라는 범어(梵語)로 노래 부르는 새이므로 팔먹중에 해당된다고 하겠다. 가루라의 '빠른 손춤〔舞人走手舞〕'은 산대놀이에는 없고 봉산탈춤에서 팔먹중이 한 사람씩 등장하여 뛰어 돌아다니며 주는 쾌활한 춤에 해당한다. 불교의 수호신인 금강은 산대놀이에서 먹중에게 염불을 권하는 완보(完甫)에 해당된다.

산대놀이 제2경에서 먹중의 자손들이 체하여 죽게 되자 먹중은 완보에게 구원을 요청한다. 이에 완보는 "음식먹고 관격이 되게 아니고" 염불공부하지 않아 체한 것 같다고 하며 신주부에게 데려가 침

으로 낮게 해준다. 기악의 가루라를 일명 게라하미(ケラハミ)라 하는데, 하미(ハミ)는 먹는다는 뜻이다. 따라서 '관격'과 '하미'는 무엇을 먹는 행위와 연계지을 수 있다. 산대놀이의 팔먹중과 기악의 가루라 과장의 주세는 허송세월하지 말고 불도(佛道) 수양에 전념하라는 교훈이라 하겠다.

② 관(冠) 쓴 중과 바라문(婆羅門)

관쓴 중은 엽전 세 쾌로 애사당을 사서 데리고 논다. 바라문을 일명 무츠키아라이(ムツキアラヒ)라 한다(이 말은 보통 '기저귀 빨래'로 의역되는데 이혜구는 이것을 애사당 같은 부류를 사는 데 드는 광목으로 보고 있다. 따라서 관 쓴 중과 바라문은 바람둥이라는 점에서 유사한 것이다). 또한 바라문은 《교훈초》에 '지열(持悅)'로도 불린다고 표기되어 있는바 우리말로 '농탕친다'는 뜻으로 풀이된다.

산대놀이의 관 쓴 중과 바라문 과장의 주제는 부유한 노인이 계집을 사서 '농탕치다'라는 뜻의 헛방아 찧지 말라는 교훈이라 하겠다.

③ 노장(老丈)과 곤륜(崑崙)

노장은 절의 노승(老僧)이 여염에 내려와 부채를 이마에 대고 당녀(唐女)와 소무가 춤추는 것을 바라다보고 이들에게 마음을 뺏기는 시늉을 한다.

곤륜은 부채를 이마에 갖다 대고 등롱(燈籠) 앞에서 춤추는 오녀(吳女)의 모습을 보고 마음이 동한다.

산대놀이치 노장과 기악의 곤륜 주제는 파계승의 행태에 판한 것이다.

(산대놀이의 제8과장 말뚝이 과장은 이것과 대비할 과장이 기악에 보

이지 않으므로 기악 복원 시에는 말뚝이 과장을 삭제하는 게 좋을 것이라고 이혜구는 제안하였다.)

④ 취발이와 역사(力士)

노장이 여염에 내려와서 소무(小巫) 2명을 데리고 농탕치는 걸 보초 취발이는 노장과 소무 1명을 쫓아내 나머지 소무를 데리고 놀다가 아이를 낳게 된다. 금강과 함께 불법(佛法)의 수호신인 역사는 오입쟁이 취발이와는 반대로 오녀를 희롱하는 곤륜을 혼내준다. 곤륜의 남근을 새끼줄로 매고 그것을 끌어당기며 휘두르는 춤을 추는 역사는 곤륜을 응징하는 데 그 목적이 있는 것이다. 산대놀이의 취발이와 기악의 역사 과장의 주제는 파계승을 응징하는 교훈이라 하겠다.

[복원과제] 노장 과장에 신장사 장면이, 취발이 과장에 소무의 해산(解産) 장면이 추가된 것은 이 두 장면이 산대놀이에서 가장 인기 있었음을 보여준다. 그러나 기악 복원 시에는 신장사와 해산 장면은 삭제되어도 좋을 것이다.

⑤ 샌님과 취호(醉胡)

하인 말뚝이의 친구 쇠뚝이가 샌님에게 문안드릴 때 양반을 조롱한 죄로 말뚝이를 잡아다 죽이라고 한다.

취호 과장은 술취한 호인(胡人)의 주종(主從)이 여러 취태(醉態)를 재미있게 연행(演行)한 것이라는 설명보다는 (적어도 관을 쓴 취호왕의 탈에는 채색이 없는 것 또는 백색의 것도 있고, 그런 색을 취안(醉顔)으로 볼 수 없기 때문에) 취호왕의 세도가 큰 것을 상징하고, 《교훈초》에 취호왕이 일명 하라메키(ハラメキ, 鳴動의 뜻)로 표기되어 있다. 명동(鳴動)은 그의 하인의 무례로 소동이 일어난다고 보아야 할 것이다.

  산대놀이의 샌님과 기악의 취호 과장의 주제는 세무십년(勢無十年)의 교훈이라 하겠다.

  ⑥ 신할아비와 대고(大孤)

  신할아비가 그의 아내에게 일방적으로 이별을 통고하자 그 충격으로 미얄할미는 죽게 된다. 신할아비는 아들 딸과 함께 미얄할미의 넋풀이 굿을 마련한다.

  기악에서는 노녀(老女)가 두 아들(양자)을 데리고 나와 부처께 참배하는 줄거리이다. 산대놀이에서는 미얄할미가 죽었는 데 반해 기악의 경우는 노녀(老女)가 살아 있다. 또한 산대놀이에는 무당굿이 있고 기악에는 예불(禮佛)이 있다. 양자의 장면에 차이가 난다. 신할아비와 대고의 구제는 생자필멸(生者必滅) 제행무상(諸行無常)이라 하겠다. 끝으로 산대놀이에서는 샌님 과장이 먼저이고 신할아비 과장이 나중이지만 기악에서는 반대로 대고가 먼저이고 취호가 끝 과장이 된다. 미얄할미의 죽음으로 마무리되는 신할아비 과장은 평안감사의 죽음으로 끝나는 꼭두각시 인형극과 비슷하다. 기악의 마지막 과장에서 취호왕의 생사 여부는 불분명하다.

  [복원과제] 기악 복원 시에는 신할아비 과장의 무당넋두리는 사찰의 염불로 바꾸어야 하겠다.

3. 산대놀이와 기악의 등장인물

  (제1과장 상좌춤에 대해서 이혜구는 생략했다. 기악 복원 시에는 상좌

춤과 더불어 기악의 사자춤을 고려하는 게 좋을 것으로 나는 생각한다.)

제2. 옴 과장에 등장하는 인물은 상좌와 옴이다. 옴 과장은 독립된 성격이기보다는 입장행렬의 일부분이 아닐까 한다.

[복원과제] 옴은 장고잽이와 제금잽이 1인 2역을 겸했지만, 기악 복원 시에는 장고와 제금잽이 각기 1인이어야 하겠다. 그 2인의 악인은 옴 탈을 쓰지 말아야 할 것이다.

제3. 먹중 과장의 등장인물은 먹중과 옴이다. 먹중 과장도 옴 과장과 마찬가지로 입장행렬의 일부분이다.

[복원과제] 앞서 설명한 바와 같이 먹중과장의 먹중과 옴은 기악 교우도(行道)의 용물(蛹物)과 모관(帽冠)에 해당한다(춤꾼인 먹중과 기악의 춤꾼인 용물(蛹物)은 절충하고, 옴과 모관을 절충하는 과제를 연구한 필요가 있다고 본다).

제4. 연잎 과장은 등장인물은 주역인 연잎과 눈끔쩍이 외에 조역인 상좌, 옴, 목중이 있다. 기악의 등장인물은 연잎에 해당하는 오공일 뿐 그밖의 인물은 없다.

[복원과제] (이에 대한 이혜구의 설명은 없다. 연잎과 오공의 절충은 가능하나 나머지 조역의 문제는 연구과제가 된다.)

제5. 팔목 과장 전경 염불놀이의 등장인물은 상좌, 옴, 중1. 중2, 중3, 중4(팔먹중에 속함), 관(冠) 쓴 중과 완보(完甫)이다. 기악의 등장인물은 가루라뿐인데, 그 수가 1명인지 8명인지 불명(不明)하다.

(이혜구가 설명한 팔목 과장 후경(침놀이)의 등장인물 소개에 약간의

착오가 있기에 바로 잡는다.)

팔목 과장 후경의 등장인물은 침쟁이 신주부를 비롯하여 목중, 완보, 딸뚝이, 그리고 양반의 아들, 손자, 증손자이다. 기악의 등장인물 금강 1인일 뿐이다.

[복원과제] (전경의 복원에 대한 이혜구의 견해는 생략되어 있고, 후경에 대해서는 '침놀이가 불가변(不可變)이라면 적어도 먹중, 그 자식, 완보, 신주부 4인은 필요하다고 생각한다' 정도로 끝내고 있다. 전경의 먹중은 가루라와 완보는 금강과 연계할 수 있는데, 후경의 신주부는 기악의 등장인물과 연계시킬 배역이 없다. 이 점이 주요 연구 과제가 된다고 하겠다.)

제6. 관(冠) 쓴 중 과장의 등장인물은 주역인 관 쓴 중과 조역인 완보와 팔먹중, 왜장녀, 애사당이다. 기악의 등장인물은 바라문 1인 뿐이다. 상대역이 없는 바라문은 과장 내용을 상세히 전달할 수 없기 때문에 상대역이 필요하리라고 생각한다.

[복원과제] (관 쓴 중과 그의 희롱대상인 애사당 관계는 오입쟁이 성격이 짙은 바라문과 연계되는데, 바라문의 상대역을 외장녀 또는 애사당으로 설정하면 어떨까 한다.)

제7. 노장 과장의 등장인물은 주역인 노장과 조역인 상좌, 옴, 먹중 3, 관 쓴 중, 완보 7인이다. 기악의 경우 곤륜과 오녀 2명, 모두 3인이 등장한다.

(노장 과장은 채록자의 견해에 따라 제1경 파계승놀이(팔먹중놀이), 제2경 말뚝이 춤(신장수놀이), 제3경 취발이춤으로 구분한 연희본도 있고, 제3경 취발이춤을 독립된 과장으로 분리한 경우도 있다. 이혜구는 노장

과장을 1-2경으로 구분하고 제2경인 말뚝이춤(신장수놀이)은 후세에 추가된 것으로 보아 기악 복원 시에는 삭제하는 쪽으로 기울고 있다.)

[복원과제] 일본 노오[能]의 시테[仕手, 주역]의 자기 소개[名乘]와 미치유키[行道, 路程]에 해당하는 것이 무언(無言)의 노장에게는 불가능하여 조역이 필요할 것 같다(노장이 소무를 유혹하는 장면과 곤륜이 오녀를 희롱하는 장면은 그 성격이 유사하므로 기악 복원시 양자의 절중은 별다른 무리없이 가능할 것으로 생각한다).

제8. 취발이 과장의 등장인물은 취발이, 노장, 소무 2인이다. 기악의 등장인물도 역사, 곤른, 오녀 2인이어서 그 등장인물에 대하여 별도의 설명이 불필요하다.

[복원과제] 소무의 해산(解産) 장면은 추가된 것이므로 삭제될 수도 있고, 삼신어미(解産母)의 등장도 불필요하다.

(취발이가 소무를 희롱하는 노장을 징계하는 것은 기악에서 역사(力士)가 오녀를 유혹하는 곤륜을 혼내주는 장면과 유사하다 따라서 기악 복원시 등장인물의 조율은 어렵지 않을 것으로 상정 된다.)

제9. 샌님 과장 전경의 등장인물은 샌님, 서방님, 도련님, 말뚝이, 쇠뚝이다. 《교훈초》에는 취호와 도미(刀彌), 인환(人丸)이 등장한다. 그리고 취호왕 아래 6인 또는 8인의 취호종이 있다. 취호종이 《교훈초》의 도미와 인환인지 또는 산대놀이의 반의 서방님, 도련님 외에 말뚝이까지 포함하는지 불명(不明)하다. 어쨌든 취호종이 많을수록 취호의 위세가 더 클 것이다. 산대놀이 후경의 포도부장과 소무는 《교훈초》에 없지만, 후경에 없어서는 안 될 인물이라고 생각한다.

《교훈초》 기악 조에 기재된 취호 관계 일어 원문은 다음과 같다.

次醉胡
又醉胡王云, 刀彌云 人丸云, ハラメキト云…….

취호를 취호왕이라고도 한다는 번역은 별 문제가 없다. 그런데 취호왕 다음의 도미(刀彌)와 인환(人丸)을 우리말로 옮기는 데 어려움이 있다. 어느 역자는 刀彌를 '넓은 힘'으로, 人丸을 '둥그런 사람'으로 직역한 사례가 있는 바 그 의미 이해는 모호해서 납득되지 않는다. 박전열은 刀彌를 '촌장(村長)'으로 人丸을 '외국인(귀화인)'으로 옮겼고, 하라메키토(ハラメキト)는 '소리 지른다'는 명동(鳴動)의 뜻인데 이를 '요란한 사람'으로 옮겼다(1990). '요란한 사람'은 취호 과장의 내용으로 보아 '술주정뱅이'가 더 적절한 것 같다.

[복원과제] 이혜구의 설명은 없다. 샌님 과장은 샌님 일행이 하룻밤 거처할 의막(依幕, 임시거처)을 정하는 데 있어 샌님, 말뚝이, 쇠뚝이 사이에 벌어지는 난센스 대화가 주된 줄거리로 되어 있다. 이에 비해 술취한 호인(胡人)으로 풀이되는 취호 과장은 이렇다 할 줄거리 없이 한바탕 마시고 춤추며 노는 장면으로 해석된다. 기악 복원시 양자의 특징을 잘 조화시키면 별 무리없이 해결될 것으로 생각된다. 그리고 후경의 포도부장놀이 줄거리는 포도부장과 샌님의 첩이 함께 놀아나는 것인 바, 이를 삭제하거나 또는 양념으로 각색하여 삽입해도 괜찮을 것으로 생각한다.

제10. 신할아비 과장의 등장인물은 신할아비(백발노인), 미얄할미, 도끼(아들) 도끼누이(딸) 4인이다.
《교훈초》에 의하면 노녀(老女)와 두 아들이 등장하고 대고부(大孤夫)가 없지만, 탈에는 반대로 대고부만 있고 노녀와 두 아들은 없다.

기악의 등장인물은 산대놀이의 등장인물과 유사한 대고부와 두 아들로 추정된다.

[복원과제] 이 과장에도 이혜구의 견해는 생략되어 있다. 신할아비와 대고-홀아비로 해석됨, 미얄할미와 노녀, 도끼 자매와 대고아(두 아들)는 서로 유사한 관계이므로 기악 복원시 별문제가 없다고 본다. 《교훈초》에는 대고(大孤)를 '老女婆也' 즉 노녀 차림으로 표기했는데 이는 오기(誤記)로 보고 있다. 그 이유는 쇼우소인(正倉院)에 소장된 대고 탈에 수염 구멍 등이 있는 것으로 보아 남자 노인이 분명하기 때문이다. 그러니까 대고는 신할아비와 관계되고 노녀는 이에 적당한 탈을 새로 제작하여 미얄할미 배역과 관계 지으면 될 것으로 판단된다.

신할아비 과장의 줄거리는 신할아비가 미얄할미를 구박하여 죽게 만들고, 불량 무식한 도끼 자매는 아버지를 희롱한다. 마지막 장면인 미얄할미의 3년상(喪)에 신할아비 가족은 정성껏 제사 지내고, 목중은 제관(祭官), 완보(完甫)는 집사(執事), 그밖의 탈꾼은 조문객으로 등장한다. 대고 가족이 불전(佛前)에 참배하는 것이므로 신할아비 과장의 줄거리를 불교 의식에 맞도록 각색하면 괜찮을 것으로 생각된다.

4. 산대놀이와 기악의 탈

산대놀이 탈과 기악의 탈을 각 과장별로 구분하여 비교해 본다.

제1. 과장 상좌춤에 대한 이혜구의 설명은 생략되어 있다(이하 생략으로 표기함). 앞서 말한 바와 같이 기악 복원시 상좌춤은 기악 교우도(行道)의 사자춤과 연계지을 수 있으므로 탈 문제는 앞으로의 과제로 남겨두겠다.

제2. 옴 과장/북채와 제금을 든 악인(樂人)인 음은 옴 탈을 썼는데 비해, 기악 교우도[行道]에 나오는 피리잽이[笛吹], 타악기잽이[打物]의 악인(樂人)은 탈을 썼다는 기록은 물론 유물도 없다.
 [복원과제] 산대놀이의 악인(옴)은 기악의 악인(樂人, 笛吹, 打物)처럼 탈을 쓰지 말아야 할 것이다.

제3. 먹중과장/먹중 탈을 쓰고 나오는 먹중은 앞에서 설명한 바와 같이 입장 행렬에 나오는 무인(舞人)이다. 먹중과 대비되는 춤꾼[踊物]은 별도의 탈이 없다. 그 이유고 춤꾼[踊物]은 단수가 아닌 복수 개념으로 기악의 주요 등장 배역인 가루라, 금강, 바라문, 곤륜, 역사, 대고, 취호 7인을 포괄하고 있고, 이들은 각자 자기 탈이 있으므로 단수 개념의 춤꾼[踊物] 탈은 따로 있을 리 없으리라 본다.
 산대놀이 역시 단수의 춤꾼 탈은 따로 없고 복수의 춤꾼들인 팔목중, 완보, 관쓴 중, 노장, 취발이, 샌님, 신할아비 7인은 각기 자기 탈을 가지고 있다.
 [복원과제] 생략(기악 복원시 먹중 과장을 앞놀이에 편입시킨다는 가정을 전제한다면 먹중은 옴과 피리잽이[笛吹], 타악기잽이[打物] 같은 악인이 아니므로 탈 착용은 무방하리라고 생각한다).

제4. 연잎과장/연잎, 눈끔적이, 먹중, 상좌, 중이 모두 탈을 썼는데 비해 기악에는 주역인 오공 탈만 있을 뿐 기타 조역의 탈은 없다. 조역의 경우 입장 행렬에 나오는 악인(樂人), 무인(舞人)이므로 탈이 필요 없는 것으로 생각된다.

[복원과제] 악인(樂人)은 탈을 쓰지 않아도 되지만, 무인(舞人)은 각기 자기 탈을 써야 할 것으로 생각된다(기악 복원시 연잎 과장을 앞 놀이에 편입시킨다면 탈을 쓴 오공 1인이면 구성에 별 무리가 없는 것으로 나는 생각한다).

제5. 팔목 과장 /팔목은 모두 탈을 쓰는데, 그 탈 이름은 옴, 중1, 중2, 중3, 중4, 관쓴 중으로 동일하지 않다. 그 이유는 팔목의 탈이 부족하여 먼저 과장에서 사용되었던 다른 탈이 차용되었기 때문이다. 완보만이 제 탈을 쓰고 나온다. 기악에서는 가루라와 금강 탈이 있고, 가루라 탈은 1개인지 8개인지 알 수 없다.

[복원과제] (생략, 팔목중은 가루라와 완보는 금강과 대역(對役) 관계이다. 팔목중은 상좌 2, 목중 4, 옴중 4, 완보의 8명을 말하는 바, 이에 걸맞게 가루라 탈도 8개, 8인으로 설정하는 게 합당하다고 본다.)

제6. 관(冠) 쓴 중 과장/주역인 관 쓴 중과 조역인 완보와 중들, 왜장녀, 애사당 모두 탈을 썼는 데 비해 기악의 경우 주역인 바라문 탈만 있고 조역들의 탈은 없다. 조역이 없으면 놀이 진행이 어렵기 때문에 조역은 맨얼굴로 등장했던 것이다. 기악에서 조역이 탈을 쓰지 않고 맨얼굴로 등장했다는 것을 다음의 사례에서 알 수 있다. 기악 대고 과장에서 노녀가 두 아들(양자)과 함께 나오는데 그들의 탈이 없나는 것은 그 소역늘이 탈 없이 연기를 한 것으로 볼 수 있다.

[복원과제] (대고 탈은 노녀가 아닌 남자 노인 탈로 판명되어 별다른 문제는 없다고 하겠는데, 두 아들의 경우 원래 탈이 있었는데 그후 소실되었는지 아니면 이혜구의 소견대로 맨얼굴로 등장했는지는 섣불리

판정하기 어려운 문제이다. 이 점은 앞으로의 과제로 남겨두는 게 옳을 듯하다.)

　제7. 노장 과장/주역인 노장은 제 탈을 썼고, 포역인 상좌, 옴, 먹중, 중1, 중2, 완보 등은 앞과장에서 썼던 탈을 그대로 빌려 썼다. 조역인 중들이 노장을 보고도 "그 뭐란 말이냐?"라고 묻는 것은 노장의 신분을 못 알아보는 것인데, 이는 그 중들이 중이 아니라 시정배(市井輩)로 간주된다. 노장 과장과 대비되는 기악의 곤륜 과장에는 그런 시정배가 없고 탈도 없다.
　[복원과제] 기악 복원시 조역들이 앞과장의 탈을 쓰고 나와 등장인물을 혼란하게 하지 말고 맨 얼굴로 나오는 편이 좋으리라 생각한다. 노장과 두 당녀가 각기 제 탈을 쓰고, 기악에서도 곤륜과 2인의 오녀가 각기 제 탈을 쓰므로 별 문제가 없다.

　제8. 취발이 과장/주역 취발이와 상대역인 노장, 조역 당녀(소무)가 모두 탈을 썼다. 기악의 역사 과장에서 앞에 등장한 곤륜과 오녀도 탈을 썼으므로 별 문제가 없다.
　[복원과제] 앞의 노장 과장과 연속되는 역사 과장의 등장인물 탈은 이혜구의 지적대로 별 문제없이 조정이 가능하다고 하겠다.

　제9. 양반(샌님) 과장/주역인 양반, 조역인 서방님, 도령님. 말뚝이, 쇠뚝이 모두 탈을 쓴다. 기악의 취호 과장에서는 취호왕 외에 취호종 6인 또는 8인이 탈을 쓴다. 취호종 탈이 말뚝이에 해당하는 탈까지 포함했는지는 알 수 없다. 기악에서 취호종 같은 조역이 탈을 쓴 것은 예외이다.

[복원과제] (생략), 기악의 취호 과장은 이렇다 할 줄거리 없이 신나는 한판놀이가 그 내용이므로 취호종은 많을수록 좋다고 본다.

제10. 신할아비 과장/신할아비, 미얄할미, 도끼, 도끼누이 4인 모두 탈을 쓴다. 신할아비와 미얄할미는 제 탈을 쓰지만, 도끼는 말뚝이 탈을, 도끼누이는 왜장녀 탈을 차용하는 것을 보면 원래의 탈은 없었던 것 같다. 기악에서는 신할아비의 대역인 대고 탈만 있고 두 아들의 탈은 없다.

[복원과제] (생략), 기악의 경우 대고만 탈이 있고 두 아들 탈은 없다. 이들 탈의 문제, 즉 새로 제작 한다던가 맨 얼굴 그대로가 좋을지는 앞으로의 연구 과제로 남는다.

요컨대 산대놀이의 등장인물은 주역과 조역 모두 탈을 쓰고 있다. 다른 등장인물의 탈을 빌려 쓸지라도 맨 얼굴로 나오는 경우는 없다.

[복원과제] 다른 탈을 쓰고 등장하는 인물은 앞에서 그 탈을 쓰고 나온 인물로 잘못 알게 되므로 새로 탈을 만들어 쓰던지, 또는 탈을 쓰지 않는 편이 좋을 것 같다.

기악에서는 대체로 주역 탈만 있고 조역 탈은 없다. 따라서 앞으로 기악의 복원에서는 조역 탈을 사용하지 않는 것이 나을 것 같다.

다음에는 산대놀이와 기악의 주역 탈을 살펴보겠다. 산대놀이 탈과 기악탈은 일견 비교가 되지 않을 정도로 서로 다르다. 양자 탈의 큰 차이점은 산대놀이 탈이 좀 이상한대로 한국인 모습이지만, 기악탈은 모두 코와 귀가 큰 서역인(西域人) 모습이다. 한국인과 서역인의 차이는 탈뿐 아니라 등장인물의 이름에서도 볼 수 있다. 산대놀이의 완보, 취발이 등의 이름과 기악의 금강, 역사 등의 이름이 서로 다른 것을 들 수 있다.

산대놀이 탈과 기악탈이 다른 것은 이상하다고만 보기 어렵다. 똑같은 신대놀이 탈인데도 1930년대의 탈과 1964년의 탈이 다른데(이두현, 한국가면극 도판 참조), 하물며 한국에서 오랜 세월 변천을 겪어온 산대놀이 탈과 일본 나라〔奈良〕소재 쇼우소인(正倉院)의 변천 없이 보존되어 온 서기 752년에 제작된 기악탈이 다르지 않다는 것이 오히려 이상할 것이다.

다음에는 산대놀이와 기악의 주역 탈을 순서에 따라 살펴보겠다.

(이혜구는 산대놀이와 기악에서 대역 성격인 주역 탈의 특징을 상호 비교하여 기악 복원시 탈 선택의 절충안을 간략하게 제시하고 있는 바, 여기서는 그의 견해를 정리하여 옮기는 데 주안을 두었다. 탈 복원에 관한 그의 소견(所見)은 앞으로 더 진전된 연구를 위한 기초 자료로서 그 가치가 충분하다고 본다.)

① 연잎 · 오공 탈

연잎 탈은 갓모 모양의 관에 연잎을 그리고, 그 꼭대기에는 금색(金色) 구슬 같은 것이 달렸고, 이마에는 금색 선이 있다. 얼굴은 붉은색이다(김재철, 《조선연극사》, 아키바 아카시〔秋葉隆〕, 《朝鮮民俗誌》).

기악의 오공 관은 산형(山形, 갓모 모양)이라는 설명만 있고 실물은 없다.

[복원과제] 기악 복원시 연잎 탈을 본보기로 삼으면 좋을 것 같다.

② 팔목 · 가루라 탈

팔먹중 탈은 중의 얼굴 모습인 데 비해 가루라 탈은 머리에 새〔鳥〕

벼슬장식을 한 새 모습이다. 사람 얼굴 탈과 새 모습 탈 중에서 양자택일의 문제가 대두되는 바, 이는 탈 모습에 따라 그 대사가 달라져야 하기 때문이다.

[복원과제] 탈은 새 모습을 해도 말할 수 있으므로 가루라 탈을 써도 괜찮을 것 같다.

③ 완보·금강 탈

완보의 관은 유리컵같이 테두리가 없는 바, 고것은 관이 아니라 상투로 간주된다. 기악의 경우 금강과 역사 탈만 상투가 있고 산대놀이에서는 완보와 취발이 탈만 상투가 있는 것으로 추정 된다.

[복원과제] 완보 탈은 팔목 탈로 복원될 수 있겠다.

④ 관 쓴 중·바라문 탈

관 쓴 중 탈과 완보 탈은 팔목 탈과 혼동되어 있다. 서울대 박물관 소장 산대놀이 탈 16종에도 팔목 탈만 있고 관 쓴 중과 완보 탈은 없다. 유관(儒冠)을 쓴 관 쓴 중 탈과 상투가 달린 완보 탈은 관도 상투도 없는 먹중 탈과 달라야 한다.

[복원과제] 관 쓴 중 탈이 바라문 탈로 복원될 수 있을 것으로 생각한다.

⑤ 노장·곤륜 탈

노장 탈은 검고 주름살이 있다. 곤륜 탈은 붉은 빛이라는데, 본래 곤륜은 흑면(黑面)의 남쪽 사람이기 때문에 흑색(黑色)으로 고쳐져도 좋겠다.

[복원과제] 생략.

⑥ 당녀(소무)・오녀 탈

요즘은 노장 과장에 나오는 여자가 소무(小巫)라고 불리는데, 김재철이 《조선연극사(朝鮮演劇史)》에서는 당녀(唐女)라고 불렀다. 당녀 탈에는 쪽진 머리 위에 큰 낭자가 있지만, 소무 탈에는 그것이 없다. 기악의 오녀란 이름은 산대놀이의 당녀란 이름같이 중국 여인을 가르치며, 오녀 탈도 당녀 탈 같이 낭자를 하고 있다.

[복원과제] 생략.

⑦ 취발이・역사 탈

취발이 탈은 '주린 솔개미가 내 얼굴이 벌거니까' 라는 취발이 자신의 말처럼 벌겋다. 머리에는 꿀린 상투기악의 역사와 금강 탈은 구별하기 어려울 정도로 유사하다.

[복원과제] 역사의 탈은 담갈색이고 상투를 올렸다. 이같은 양자의 공통점을 미루어 취발이 탈을 역사 탈로 복원할 수 있겠다.

⑧ 샌님・취호 탈

샌님이란 말은 양반을 조롱하는 말이다. 샌님 탈의 주름살과 언챙이 입 역시 샌님을 조롱하는 모습이다. 이와 반대로 기악의 취호 탈은 중동인(中東人)이 쓰는 것 같은 모자를 썼다. 취호왕 탈 중에서 취호왕과 취호종 탈만이 코가 유난히 길어서 윗입술을 덮고 있다. 취호왕과 취호종 탈은 당당한 위용을 나타내고 있다.

[복원과제] 권력을 상징하는 양반과 서방님, 도령님 탈은 취호왕과 취호종 탈과 비교될 수 있을 것 같다.

⑨ 신할아비・대고 탈

신할아비 탈은 높은 이마에 주름살이 많다. 대고 탈은 바라문 탈과 마찬가지로 노인 탈로 주름살이 많다.

[복원과제] 신할아비와 대고는 노인이므로 신할아비 탈은 대고 탈로 복원될 수 있다.

이혜구의 의견에 따라 산대놀이와 기악탈의 특징 비교를 각 과장별로 구분하여 살펴보았고, 양자의 주역 탈을 대조하여 매우 간략하나마 복원과제를 정리하여 옮겨 놓았다.

다음에는 산대놀이 탈의 일본 기악탈의 연혁, 종류, 재료, 크기, 특징 등에 대한 구체적 내용을 살펴보겠는데, 산대놀이 탈을 나의 저서 《탈》(빛깔 있는 책들 149, 대원사, 1994)과 이두현의 저서에서 인용, 정리하였다. 그리고 기악탈은 이에 관한 일본 연구자의 저서 및 논문 중에서 비교적 내용 편집이 충실한 것으로 판단되는 《탈의 미(假面の美)》(가네코 료우운〔金子良運〕, 社會思想社, 1969, 東京)의 기악면(伎樂面) 서술 내용을 편역, 정리하는 방법으로 소개한다.

산대놀이 탈

산대놀이는 서울을 중심으로 경기도 일원 중부 지방에 전승되어 온 탈놀이의 이름인데 '본산대' 라 일러오던 '애오개' '녹번' '사직골' 등지의 것은 전하지 않고 현재 양주 별산대놀이와 송파 산대놀이 두 가지가 전해올 뿐이다.

산대탈은 지금으로부터 8-90년 전까지만 해도 거의 나무탈이었다고 하는데, 현재는 바가지탈로 바뀌었다. 바가지탈은 나무탈보다는 만들기가 쉽고 가벼워 놀이를 하는 데 편리해서 그렇게 된 것으로 짐작된다.

1964년 중요무형문화재 제2호로 지정된 양주 별산대놀이는 현재 경기도 양주군 주내면 유양리에서 보존, 전승되고 있다. 문화재로 지정되어 처음으로 탈을 만든 고(故) 김성대(金成大, 1907-1970) 옹은 1968년 나와의 대담에서 탈 제작 과정을 설명했는데 그 순서는 다음과 같다.

① 등장인물의 얼굴 모습에 걸맞는 크기의 바가지를 골라 자른 후 잘 다듬는다.
② 소나무 껍질로 코, 눈썹, 등을 깎아 제자리에 붙인 뒤 창호지를 손으로 찢어서 다시 떨어지지 않게 붙이는데 이때 얼굴 전체를 조각난 종이로 고르게 덧바른다.
③ 노끈으로 눈 가장자리, 눈, 주름살 등을 붙이고 다시 창호지 조각을 덧붙인다.
④ 눈, 입 등의 구멍을 뚫은 다음 흰 물감으로 바탕을 칠하고, 그 위에 탈의 배역에 따라 아교와 물감을 배합한 아교 단청으로 탈의 특징을 그린다.
⑤ 탈의 가장자리에 구멍을 내어 광목 등으로 탈보를 만들어 꿰매면 완성이 된다.

산대탈의 변천 내용에 관해서는 이두현의 《한국가면극》(문화재관리국, 1969)에 정리되어 있는 바, 그 요지를 소개하면 다음과 같다
"일본 덴리대학〔天理大學〕 참고관에 21개 산대탈(박광대, 21면이

라고 대장에 기재되어있다)이 수집되어 있다. 1933년경에 구득(求得)한 것이라 하며, 그 이상의 확실한 대장기록이 없어 자세한 것은 알 수 없으나, 내가 점검한 바로는 목중 하나의 입과 턱에 걸쳐 '천계(天啓) 4년월일 궁내 산대(天啓四年月日宮內山臺)'라는 명기(銘記)가 먹으로 표기되어 있었다. 천계(天啓, 명나라 연호) 4년은 인조(仁祖) 2년(1624)이 되는데, 만일 이 명기를 믿을 수 있다면 궁내산대(宮內山臺) 놀이의 존재가 확인되는 셈이다.

이밖에 창덕궁 창고에서 방상시(方相氏) 목탈 1개와 5개의 산대탈과 23개의 산대탈 한 벌과 도구를 촬영한 사진 원판이 발견된 바 있다. 이러한 유물로 보아 공의(公儀)로서 영조(英祖) 이후 산대희는 정파(停罷)된 것 같으나 조선말까지도 계속적으로 궁중에서 탈희를 연행했던 것 같다. 한편 국립중앙박물관은 10개의 산대탈을 소장하고 있다."

김성대가 만든 탈로 연희되던 양주별산대놀이는 그가 세상을 떠난 뒤 그의 제자 류경성(柳徹成)이 이어서 만들다가 지금은 그의 아들 류한수(柳漢洙)가 뒤를 잇고 있다. 류씨 부자(父子)의 탈은 모양새가 거의 같으나 과거 김성대 옹의 탈에 비하여 빛깔이 곱고 밝아서 토속미가 모자란다는 것이 일반적인 평이다.

현존의 양주 별산대 탈은 모두 22절인데 이것들을 단독 탈과 겸용 탈로 분류하면 다음과 같다.

① 단독 탈
상좌2, 옴중, 목중4, 연잎, 눈끔적이, 완보, 신주부, 노장, 샌님, 포도부장, 신할아비, 미얄할미

② 겸용 탈

왜장녀(해산어멈, 도끼누이 겸용)

소무 2(애사당 또는 당녀 겸용)

말뚝이(신장수, 도끼 겸용)

취발이(쇠뚝이 겸용)

이들 탈 중에서 가장 큰 것이 눈끔적이 탈(길이 27.5m, 너비 23cm)이고 가장 작은 것이 상좌탈(길이 22.5cm, 너비 18cm)이다.

1920년대초까지만 해도 서울을 중심으로 놀아졌던 본산대놀이가 이제는 구경할 수 없게 되었고, 지금은 양주 별산대놀이와 송파 산대놀이만이 전하고 있음은 앞에서 말한 바 있다. 그런데 참으로 다행스런 일은 1920년대에 채록된 것으로 짐작되는 《산대도감극연희본》(서울대 중앙도서관 소장)과 역시 서울대학교에 소장되어 있는 산대 나무탈이 전해지고 있다는 사실이다.

우리나라 나무탈은 오리나무, 오동나무, 가래나무 등이 많이 쓰였다고 하며, 칠은 주로 아교 단청을 쓰고 있다. 산대탈의 탁월한 조형미에서 지금은 없어져 버린 백제의 기악탈을 연상할 수 있으며 그뒤 일본으로 건너가 오늘까지 전하고 있는 기악탈의 발자취를 거슬러 살피게 한다.

다음은 1981년 「한국의 탈 특별전」(국립민속박물관 주최)에 전시되었던 산대 나무탈 17점(서울대 소장, 말뚝이 1점은 바가지탈)의 도판 목록 내역을 옮긴 것인데 탈의 제작 시기는 모두 조선 말기로 추정된다.

① 상좌

크기: 높이 23.5cm, 너비 19cm

특징: 흰색 바탕, 눈 아래로 처짐, 눈썹과 머리 까맣게 칠했음. 입

빨갛게 칠했음.

② 옴중

크기: 높이 26cm, 너비 21cm

특징: 짙은 밤색 바탕, 얼굴 전면에 옴을 나타내는 돌기(突起) 있음. 눈 아래로 처짐. 입 크게 찢어짐. 눈썹, 수염 노랗고 까만 반점 찍었음.

③ 목중

크기: 높이 26.5cm, 너비 22.5cm

특징: 붉은색 바탕, 눈 아래로 처짐. 입 크게 아래로 찢어짐, 이마, 양볼, 턱주름살 있음. 눈썹, 수염 노랑과 검정 반점 찍었음.

④ 연잎

크기: 높이 33cm, 너비 20cm

특징: 고동색(古銅色) 바탕, 머리에 연잎 장식, 이마 노란 테 두름, 눈초리 아래로 향했고 입 크게 찢어져 위로 향했음. 눈썹, 입 언저리 초록색 무늬로 그렸음.

⑤ 눈끔쩍이

크기: 높이 33.5cm, 너비 20cm

특징: 붉은색 바탕, 머리에 연꽃 장식, 이마 노란 테 두름, 눈 둥글고 놋으로 된 눈 뚜껑을 여닫게 장치함. 눈썹, 입술 초록색 칠하고 무늬 그렸음.

⑥ 왜장녀

크기: 높이 23.5cm, 너비 21.5cm

특징: 흰색 바탕, 눈 아래로 처짐, 입 위로 향해 찢어짐, 머리, 눈썹 까맣게 칠했음.

⑦ 노장

크기: 높이 26cm, 너비 24cm

특징: 검정색 바탕, 눈 아래로 처짐, 양 입가도 아래로 찢어짐. 아래 입술 둥글게 내밀었음. 이마, 콧등, 양볼 주름살 있음. 눈썹, 수염, 노란 반점 찍었음.

⑧ 애사당

크기: 높이 23cm, 너비 17cm

특징: 흰색 바탕, 연지곤지 찍었음. 머리, 눈썹 까맣게 칠했음. 입술은 빨갛게 칠했음.

⑨ 취발이

크기: 높이 26cm, 너비 19cm

특징: 엷은 고동색 바탕, 눈초리 아래로 향하고 입 크게 찢어져 아래로 향했음. 이마, 양볼, 콧등 주름살 있음. 눈썹, 수염 노랗고 까만색 반점 찍었음. 이마 위는 풀린 상투가 달려있음.

⑩ 말뚝이

크기: 높이 22cm, 너비 19cm

특징: 바가지 탈, 주황색 바탕, 이마 2줄의 주름살이 크게 잡혀 있음. 눈썹 양볼 살이 도드라졌음. 아래 입술 코에 가깝게 붙어 있음. 눈썹, 미간, 콧등, 아래 턱 파란 칠했음.

⑪ 원숭이

크기: 높이 22.5cm, 너비 17.5cm

특징: 붉은색 바탕, 눈 동그랗게 금색 칠했음. 이마, 미간, 콧잔등 까맣고 노란 점찍었음. 입 작게 뚫리고 머리, 눈썹에 털을 붙였음.

⑫ 샌님

크기: 높이 26cm, 너비 22.5cm

특징: 고동색 바탕, 눈 둥글고 입 언청이. 입, 눈썹에 털 붙였음.

⑬ 포도부장

크기: 높이 25.5cm, 너비 23cm

특징: 흰색 바탕. 머리, 망건을 그리고, 눈 아래로 처졌음, 입 뚫리고, 눈썹, 수염 까맣게 칠했음.

⑭ 신할아비

크기: 높이 31cm, 너비 18cm

특징: 노란색 바탕. 이마 길고 눈 아래로 처졌음. 입 위로 향해 찢어졌음. 이마, 미간, 양볼, 턱 등에 주름살 많이 새겼음. 눈썹, 수염 따로 심었음.

⑮ 미얄할미

크기: 높이 20.5cm, 너비 17cm

특징: 검은 바탕, 눈 아래로 향하고, 입 빨갛게 칠했고, 위로 향해 찢어졌음, 이마, 양볼, 턱에 주름살 새겨져 있음.

⑯ 팔먹중

크기: 높이 23cm, 너비 19cm

특징: 주황색 바탕, 코 따로 붙여 만들고, 눈썹 흰색.

⑰ 먹중(黑僧)

크기: 높이 24.5cm, 너비 21cm

특징: 검정색 바탕. 이마 백호(白毫)를 빨갛게 칠하고 눈썹, 눈 하얗게 칠했고 코 따로 붙였음. 아랫입술 코에 닿아 있고 입술 주위는 빨간색 칠, 머리와 수염 흰 점 찍어서 표시했음.

기악탈

1. 기악탈의 종류와 순서

과거에 기악탈이 연희되었던 여러 사찰의 기악탈 관련 자재장(資財帳) 기록을 대조하여 그 내용을 살펴본다.

기악탈의 종류는 호류지(法隆寺) 자재장(747년)을 비롯하여 사이다이지(西大寺, 780년), 고우류지(廣隆寺, 868년), 간제온지(觀世音寺, 905년) 등의 자재장에 열거되어 있고, 쇼우소인(正倉院)에도 탈을 싼 주머니에 이름이 기록되어 있다. 이러한 자료를 통하여 기악탈 종류를 짐작 할 수 있다.

각 자재장과 《교훈초》에 열거된 탈 명칭을 연대 순서대로 정리하면 다음장의 도표 내용과 같다. 이 도표를 중심으로 몇 가지 문제점을 거론해 보면, 먼저 사자(獅子)와 치도(治道)는 사자춤을 선도하는 데 어느 쪽이 앞서는지 상관없다. 가장 유의할 점은 오녀를 어떻게 다룰 것인가 하는 데 있다.

호류지(法隆寺)에는 실제 탈이 보존되어 있는데 자재장(資財帳) 기록에는 빠져 있고, 고우류지(廣隆寺)의 경우 오녀가 오공보다 앞에 있고 간제온지(觀世音寺)의 경우 마지막에 등장한다. 그렇다고 해서 사이나이지(西大寺)의 오녀와 《교훈초》의 오녀를 곧바로 연결하기에는 무리가 따른다. 《교훈초》에서는 오녀가 푸대접을 받는 데 비해 호류지(法隆寺)에서는 이같은 연기상의 문제뿐 아니라, 오녀 자체가 눈에 띄지 않는다. 그 이유는 불교 승상의 사찰에서 오녀의 존재 자체가 불필요했기 때문일 것이다. 이런 의미에서 다른 사찰의 경

호류지 〔法隆寺〕(747)	사이다이지 〔西大寺〕(780)	고우류지 〔廣隆寺〕(868)	간제온지 〔世音寺〕(905)	교훈초 〔敎訓抄〕(1233)
사자 사자야 치도	치도 사자 사자아	사자 사자아 치도 오녀	치도 사자 사자아	사자
오공 금강 가루라	오공 금강 가루라	오공 금강 가루라	오공 금강 가루라	오공 가루라 금강 바라문
곤륜	곤륜 오녀	곤륜	곤륜	곤륜 오녀
역사	역사	역사	역사 태고부 태고부	역사
바라문	바라문 태고	바라문 태고부	바라문	태고
고자(孤子) 취호	태고아 취종 취호종	태고자 취호	취호 오녀	취호 (무덕악)

우도 다른 장면에 첨가하는 존재로 오녀가 전용된 것으로 추정된다.

2. 기악탈의 현황

현존하는 기악탈은 1870년대에 호류지〔法隆寺〕에서 국가에 헌납

한 이른바 구(舊) 호류지(法隆寺) 헌납보물 31점, 쇼우소인(正倉院) 소장의 164점, 도우다이지(東大寺)에 전해져온 33점, 그리고 호류시(法隆寺)와 신도우지(神童寺)의 3점, 민간에 전승되는 몇몇 점을 더하면 모두 230여 점에 이르며, 그 제작 시기는 대부분 7-8세기 무렵으로 추정된다.

3. 기악탈의 특징

기악탈은 민간 소유를 제외한 233점 가운데 약 15% 정도 되는 39점이 건칠(乾漆)로 만들어졌다. 다른 종류의 탈이 대개 목조(木造)인 것에 비하면 그 비중이 높다고 하겠다. 건칠의 기법은 천 바탕에 옻즙을 발라 말리는 것을 말하는데, 이 기법은 중국 대륙에서 유래되어 8세기 경에는 불상 등의 제작에도 널리 응용되었다.

건칠 탈은 다음과 같은 순서로 만들어진다.

① 흙으로 탈 형태를 만들고 그 위에 2장 또는 4장의 거친 마포(麻布)를 옻으로 덧발라서 말린다.
② 말린 다음 안쪽 부분의 흙을 제거하고 얼굴의 주름이나 눈언저리는 주걱으로 정성스럽게 정형하거나 톱밥을 덧붙여 수정한다.
③ 눈과 입 등은 나중에 그 흙을 파내고 코처럼 오목하게 깊은 부분을 긁어내다가 남은 흙이 그대로 남아 있기도 한다.

건칠 탈 외의 탈은 나무로 만든 것들인데, 구(舊) 호류지(法隆寺)의 31점 가운데 19점은 녹나무(樟材)로, 나머지는 오동나무로 만들었다. 녹나무로 만든 19점의 탈은 얼굴 표정 등의 양식이 가장 오래된 형식이고, 재질(材質) 측면에서 불상과 동일한 특징을 나타내고 있어 7세기경에 제작된 것으로 추정된다. 8세기경에는 불상 제작에 노송나무가 널리 사용되었다. 이를 미루어 탈 제작에도 노송나무가 사용된 것으로 믿기 쉬우나 사실은 오동나무가 사용되었다. 오동나무는 가볍고 뒤틀림이 적어 세공(細工)이 쉽다는 특징 때문인 것으로 생각된다. 기악탈은 후세의 무악(舞樂)이나 교우도(行道) 또는 노오〔能〕등의 탈과 비교해 보면 깊이와 폭이 훨씬 크고, 탈 착용자의 머리 꼭대기에서 후두부까지 완전히 덮을 수 있도록 만들어졌다. 그리고 탈의 표정이 매우 풍부하고 과장된 면도 적지 않다. 또한 코가 높고 눈이 푸르며 털이 붉은 이국인(異國人)의 얼굴로 교묘하게 묘사했음을 알 수 있다.

 탈의 크기와 표정을 결정하는 것은 무엇보다 연기의 내용과 춤, 그리고 상연되는 장소와 깊은 관련이 있다. 노오〔能〕처럼 복잡한 감정의 추이를 표현하기 위해서는 고정된 표정은 맞지 않는다. 그리고 관중과의 거리가 짧으면 큰 탈은 필요가 없다. 기악은 비교적 단순한 줄거리로 구성되어 있으므로 그만큼 강렬한 인상을 주기 위해서는 크게 과장된 표정이 필요했을 것이다. 넓은 야외에서 상연된 기악은 큰 탈을 사용하지 않으면 그만큼 효과가 떨어진다고 하겠다. 탈의 형식에서 후두부까지 덮는 제작 방법을 원시적인 형태로 보는 견해도 있지만 기악의 경우는 탈을 안정시키기 위해서라고 생각해야 할 것이다. 7세기경에 제작된 일본 최고(最古)의 기악탈을 간결하고 직설적인 형상이고, 8세기경의 탈은 사실성의 표현이 강하다고 볼 수 있다.

4. 호류지(法隆寺)와 기악탈

이 글은 내가 별도로 집필한 것임을 밝혀둔다. 19세기 중반 이후 일본에 서구식 자본주의가 도입되는 과정에서 일본의 문화와 제도 등 모든 영역에서 일대 변혁의 풍랑이 일기 시작했는 바, 이를 메이지이신(明治維新)이라 한다. 이 무렵 서구문화에 대한 추종 열풍은 일본 전통문화 전반에 영향을 끼쳐 그 가치 보존을 위태롭게 했다. 이같은 여파는 불교계에도 닥쳐와 사찰 경영의 쇠퇴를 가져오게 되었던 것이다. 가장 오래된 고형(古形)의 기악탈이 수장되어 전해온 것으로 믿어지는 호류지(法隆寺)의 경우도 위기 타개책의 일환으로 이 사찰의 재산인 다수의 문화재급 보물──기악탈 31점이 포함된──을 일본 황실(皇室)에 헌납하여 영구 보존을 꾀하게 되었다. 1875년(明治 9년)에 보물 헌납에 대한 청원서를 올렸고, 2년 후인 1877년에 허락을 얻게 되었다. 이들 호류지(法隆寺) 헌납 보물은 그 후 1947년(昭和 22년)에 현재의 도쿄 국립박물관으로 이전되었고, 이 박물관의 호류지(法隆寺) 보물관에 영구히 보존하게 되었다.

서기 612년 백제인 미마지가 일본에서 기악을 가르치기 시작한 해보다 2년 전인 서기610년에 고구려 승려인 담징이 건너와 그린 금당(金堂)벽화로 유명한 호류지(法隆寺, 건립 연대는 대략 607년으로 보고 있음)의 내력에 대해 잠깐 살펴보겠다.

호류지(法隆寺)의 건립 경위에 대해 알아보는 이유는 기악 한국기원설을 방증하는 자료 사례로 충분히 거론할 가치가 있다고 판단되기 때문이다.

다음은 최재석《고대 한일 불교관계사》(일지사, 1998) 중에서 「호류지 창건과 백제」조의 인용인 바, 여기서도 일본의 불교문화에 끼친 백제인의 절대적인 영향력을 재확인하게 된다.

"…호류지〔法隆寺〕 창건 이전 시대의 상황 특히 백제가 승려를 파견하여 야마토왜〔大和倭〕 불교를 지도한 사실, 고급 백제 관리로 하여금 사원조영 전문기술인으로 구성된 사원 건립 팀을 인솔케 하여 아스카〔飛鳥〕 지방에 파견하여 호쿄우지〔法興寺〕를 건립하게 하게한 사실(588년), 또는 창건 호류지지〔法隆寺址〕에서 출토된 기와 문양과 백제 고토(故土)에서 출토된 기와 문양이 동일하다는 사실 등에 의해서도 창건 호류지〔法隆寺〕는 백제에서 파견된 백제인에 의해서 건립되었음을 짐작할 수 있을 것이다. 그러나 이러한 상황을 접어두고서라도 실제의 기록에 의해서도 호류지〔法隆寺〕 창건은 백제가 파견한 백제 기술자가 조영(造營)한 것이 확인된다. 즉 호류지〔大和倭〕에 전하는 가람도(伽藍圖)는 백제왕이 백제인 다문(多門), 금강(金剛), 도자(圖子), 중촌(中村) 등 4인의 목수(木手)를 파견하여 호류지〔法隆寺〕를 조영했다고 기록하고 있다. 목수 1인이 사천왕상일체를 가지고 갔다고 했으니 4구의 백제 사천왕상이 함께 야마토왜〔大和倭〕에 간 것을 알 수 있다. 이와 같이 어느 시각에서 보아도 창건 호류지〔大和倭〕는 백제왕이 파견한 백제 목수에 의해 지어졌음을 알 수 있을 것이다."

5. 기악탈 해설

(탈 특징에 대한 해설은 앞서 언급한 《假面の美》에 기재된 도판 해설을 정리하여 옮겼음을 밝혀둔다. 이 책에 수록된 기악탈은 모두 31개이

며 제작 시기는 7-8세기에 걸쳐 있다. 이들 가운데 도우다이지〔東大寺〕
에 전래되는 7점과 개인 소장의 1점을 제외한 나머지 23점은 모두 호류
지 헌납 보물로서 현재 도쿄 국립박물관에 소장되어 있다. 그리고 수록
된 탈 31개 중에서 취호종 딜이 12개로 가장 많다.)

호류지〔法隆寺〕 헌납 보물은 '法'으로, 도쿄〔東京〕 국립박물관은
'東'으로 줄여서 표기하고 그밖의 것은 그대로 두었다. 그리고 크기
는 높이만 센티로 표시되어 있다.

(1) 가루라(迦樓羅)

法, 7세기, 30.3cm, 東

가루라는 인도의 신화에 나오는 신령스런 새이다. 예리하고 긴 부
리는 보기에도 사나워서 독사나 독충을 잡아먹기에 적합하다. 기악
탈 중에서 동물을 의인화한 것은 가루라가 유일하다.

(2) 사자아(獅子兒)

法, 7세기, 28.8cm, 東

기악에서는 사자 1마리에 사자를 나루는 동자(童子) 2명이 딸려 있
다. 머리 위에 둥근 금속판이 덮여 있고 그 아래에 두터운 털자국이
있는 것으로 보아 초기에는 덥수룩한 머리카락이 있었던 모양이다.

(3) 치도(治道)

8세기, 33.2cm, 도우다이지〔東大寺〕 소장

치도는 선도자나 선두에 서는 인물을 뜻한다. 따라서 당당한 용모
를 갖추어야 한다. 눈썹 아랫부위가 매우 크게 만들어져 있는 것은
이같은 점을 고려한 것으로 보인다. 얼굴은 붉은색으로 칠해졌고 머

리 위에서 뒷머리에 걸쳐 둥글게 2단으로 털을 댄 흔적이 남아 있다.

(4) 치도(治道)
法, 7세기, 31.8cm, 東

이마 중앙에 못 구멍이 3개 나있고 그 위는 나무 상태 그대로인 것으로 보아 처음에는 금속 장신구가 달려 있었고 뭔가로 덮은 것 같다. 코 아래와 턱에는 수염자국이 남아 있다.

(5) 오공(吳公)
法, 7세기, 28.8cm, 東

오공은 오나라의 왕이나 귀인을 가리킨다. 투조(透彫)된 멋진 관을 쓰고 귀공자 모습의 늠름한 얼굴을 하고 있다. 눈과 입 언저리의 표현 등은 이 탈이 전해져 있던 호류지(法隆寺) 금당의 사천왕상과 매우 비슷하다. 관과 오른쪽 귀 사이에 붙어 있던 털의 흔적이 보인다.

(6) 금강
法, 7세기, 38.3cm, 東

금강은 역사와 짝을 이뤄 산문(山門)을 보호하는 신장(神將)이다. 기악에서는 오공의 종자(從者)로 나오므로 그저 힘이 센 용자(勇者) 역할을 한다. 입 주위와 턱에 있는 작은 구멍은 털을 심기 위한 것이다. 머리 꼭대기 근처 상투 앞에 못 구멍이 있는 것으로 보아 (12)번의 역사와 마찬가지로 관을 쓰고 있었을 것이다.

(7) 가루라
8세기, 33cm, 도우다이지(東大寺) 소장

정면에서 닭을 바라보면 매우 예리하고 무서운 표정이다. 이 가루라 탈은 분명히 이런 닭의 모습에서 힌트를 얻었을 것이다. 머리 한 가운데 세로로 난 흔적은 닭 벼슬 모양이다. 앞에 소개된 가루라와 비교하면 보다 사실적 형상으로 되어 있다.

(8) 오녀

法, 7세기, 37.9cm, 東

오녀는 기악탈 중에서 유일한 여성이다. 이중으로 늘어진 턱과 귀엽게 다문 입 언저리가 보기에 좋다. 살갗은 흰색이고 도톰한 뺨을 붉은 색을 엷게 띠고 초승달 모양으로 되어 있다. 매우 얇게 만들었기 때문에 가장 중요한 콧날이 없어지고 말았다.

(9) 오녀

法, 33.3cm, 東

풍만한 느낌의 위 오녀 탈에 비해 청초하고 나긋한 느낌을 주고 있다. 기악에서 오녀는 야만인 곤륜에게 거칠게 희롱당했던 것 같다. 따라서 오녀가 풍기는 가련함이 보다 효과적이었을 것이다. 매끈한 오동나무의 특질이 잘 드러나 있다.

(10) 곤륜

法, 7세기, 37.3cm, 東

고대 중국에서는 흑인을 곤균이라고 불렀다. 신체가 우람하고 검은 색의 흑인은 사람들의 눈에 매우 이상한 존재로 보였을 것이다. 매우 기괴하고 역동적인 모습으로 표현되어있다. 머리에 머리카락이 덮여 있었다면 더욱 기괴함이 강조되었을 것이다

(11) 역사

8세기, 34cm, 도우다이지〔東大寺〕 소장

불룩한 이마, 크고 넓은 코, 좌우로 퍼진 턱, 바로 이것이 곤륜을 불리지는 역사의 얼굴이다. 눈썹과 머리카락에는 호쾌한 필세의 먹 자국이 남아 있다. 턱에 붙어 있는 수염은 18세기말에 보수한 것이다.

(12) 역사

法, 7세기, 26.1cm, 東

(6)번의 금강 탈 제작자가 만든 것으로 추정된다. 미간(眉間)을 가로지르는 두터운 정맥(靜脈), 치켜 뜬눈과 입을 다문 뺨의 긴장감 이 모두가 곤륜과 대결하기에 적합한 표정이다. 윗입술과 턱수염을 심기 위한 작은 구멍들에는 평소 그것을 막아두는 대나무 못이 남아 있다.

(13) 바라문

法, 7세기, 32.1cm, 東

바라문은 계급제도가 엄격했던 인도에서 최상위에 속한 학자나 승려에 대한 호칭이다. 탈의 평온한 표정은 학문과 덕망이 높은 노인의 얼굴이다. 머리 부위가 거칠게 깎여 있는 것은 모자 등을 머리에 쓰고 있었기 때문일 것이다.

(14) 태고부

8세기, 28.7cm, 도우다이지〔東大寺〕 소장

얼굴에 새겨져 있는 주름살, 오랜 연륜을 나타내는 수염과 눈썹, 긴 세월을 겪어온 노옹(老翁)의 애수가 표현되어 있다. 태고부는 2명의 아들을 데리고 있는데, 탈 이름이 암시하고 있듯이 아내를 먼저 떠나보낸 노인일 것이다.

(15) 태고부
法, 7세기, 28.8cm, 東
탈 뒷면에 「角鳥 寺孤子父」라고 새겨져 있는 바, 호류지(法隆寺)가 헌납한 탈 가운데 이름이 확실한 유일한 예이다. 눈과 귀 형태와 입 언저리 표현이 뛰어난 이 탈은 가장 오래된 모습을 지닌 것들 중의 하나다. 특히 이 탈이 제작된 당시에는 탈 모두가 아래 입술에 작게 파진 오목한 부분이 있다.

(16) 태고아
法, 7세기, 27.3cm, 東
기악에는 사자아와 태고아 두 종류의 소년 탈이 있는데 그 구별은 쉽지 않다. 내용에서 볼 때 태고아는 홀로 된 노인을 따라 다니는 소년이므로 사자아와 같은 활달한 성격보다는 온화함이 더 어울린다고 하겠다.

(17) 태고아
法, 7세기, 27.3cm, 東
눈을 가늘게 뜨고 천진하게 웃고 있는 아이의 얼굴이다. 이 탈은 옛적에 사자아라고 불린 적도 있는데 아이 탈을 각각 비교해 본 결과 이 탈은 고아로 보는 것이 적당했다. 대부분의 기악탈은 눈이 파랗고 분은 머리카락을 가진 이국인의 얼굴 모습인데 비해 동자와 오녀만은 우리 모습의 동양인 얼굴 표정이다.

(18) 취호왕

8세기, 44.8cm, 도우다이지〔東大寺〕 소장

머리 부위까지 두텁게 만들어졌고 그 위는 다른 나무로 만든 모자를 구리 못으로 고정시켜 놓았다. 모자는 황토나 녹청, 적색 등으로 채색되어 있고 얼굴에는 암갈색 색채가 남아 있다. 탈이 크고 표정도 박력 있게 보이므로 역시 술에 취해 얼굴이 붉어진 이국(異國)의 왕이다.

(19) 취호왕

8세기, 42.8cm, 法

기악의 최후에 등장하는 인물이 취호왕과 취호종으로 이들은 수군(隨群)이라고도 불렀다. 이 탈은 호랑이 가죽에 푸른색이 도는 날개 달린 높은 모자를 쓰고 산형(山形)의 관을 쓰고 있다. 턱 부위에는 털을 붙인 흔적이 있어 위엄스런 수염이 부착되었던 것으로 추정된다. 술에 취해서도 위엄 있는 표정을 띤 것은 왕의 관록 때문일 것이다(이어서 취호종 탈 12종을 소개했는데 이는 기악의 취호 과장에 취호종이 8명이 등장하므로 그 숫자가 늘어난 것으로 보면 된다).

(20) 취호종

法, 7세기, 39.3cm, 東

취호는 말뜻 그대로 술취한 호인(胡人)을 가리키며 복수의 그들은 왕을 시종하는 하인들이다.

(21) 취호종

法, 7세기, 28.2cm, 東

표정만으로는 반드시 술취한 얼굴로 볼 수 없지만 동일한 탈이 3개 있고 색채 등으로 볼 때 취호종으로 판단된다.

(22) 취호종
法, 8세기, 30cm, 도우다이지〔東大寺〕 소장
이 탈은 표정으로 볼 때 태고부로 판단되지만 붉게 채색된 점을 보면 역시 취호종의 하나일 것이다.

(23) 취호종
8세기, 31.2cm, 도우다이지〔東大寺〕 소장
주름살 투성이의 얼굴과 이가 빠진 상태, 탈 뒷면에 기영사(基永師)가 대불개안(大佛開眼)을 위해 만들었다는 기록이 있다.

(24) 취호종
8세기, 29cm, 기타무라가〔北村家〕 소장
도우다이지〔東大寺〕 기악탈과 동일한 종류이다. 미간이 혹처럼 부풀어 오른 것이나 무겁게 내려앉은 윗 눈꺼풀 등은 다른 탈에서 찾아볼 수 없다.

(25) 취호종
法, 8세기, 25.8cm, 東
호류지〔法隆寺〕 헌납 기악탈에는 건칠 제품이 3개 섞여 있다. 이것은 그것들 중 하나다. 매우 얇으므로 탈 중앙 부분은 마포를 옻으로 붙였고 뺨에서 턱까지는 3장을 덧대어 보강했다. 눈썹과 입술 등은 모두 톱밥으로 만든 것이다.

(26) 취호종

法, 8세기, 30.3cm, 東

교겐[狂言]에 쓰이는 탈인 우소부키(ウソブキ)를 연상시키는 얼굴이다. 이마의 굴곡과 오므린 입술의 주름 등 오동나무 특유의 재질감을 충분히 활용한 조각 기량이 돋보인다.

(27) 취호종

法, 8세기, 31.5cm, 東

주름살은 별로 없지만 (24)번의 탈과 비슷한 느낌이 든다. 윗 입술 한 가운데가 사라지고 전체적으로 상처가 심하지만 오히려 그것이 표정의 재미를 배가시켜 준다.

(28) 취호종

8세기, 30.3cm, 도우다이지[東大寺] 소장

(22)번과 동일한 사람이 만든 것이다. 거의 채색이 벗겨져 있어 나무 표면이 완전히 드러나 있다. 늘어진 피부와 생생한 주름 표현에서 8세기경의 사실적 표현 기량을 엿볼 수 있다.

(29) 취호종

法, 8세기, 26.7cm, 東

건칠 탈 3개 중의 하나다. 건칠이 엷은 탓인지 뒤틀림으로 생긴 파손이 눈에 띤다. 건칠로 만든 것은 가볍게 하려는 목적 이외에 불상과 마찬가지로 일종의 유행이었을 것이다.

(30) (31) 취호종

法, 7세기, 32.4cm, 30.3cm, 東

둘 다 미완성이지만 거의 마무리 단계까지 만들어져 있다. (30)번은 눈, 코, 뺨 등이 완성되었고, (31)번은 반대로 귀, 입, 언저리, 턱 등이 상당히 진척된 상태이다. 이런 차이는 제작자의 취향에서 기인된 것으로 생각된다. 특히 (31)번은 눈썹과 눈 주위에 칼을 대기 위한 먹 자국이 그대로 남아 있다.

[복원과제] 산대놀이 탈과 기악탈을 서로 보완하여 병용한다던가 또는 조형 특질을 습합(習合)시켜 재제작(再製作)할 경우 이것도 저것도 아닌 정체불명의 탈이 되기가 십상이다. 현재의 우리 정서에 걸맞지 않는다고 해서 섣불리 양자의 탈을 병용 내지 습합하는 어리석음을 저질러서는 안 될 줄로 믿는다.

기악탈의 복원은 비교적 고형(苦形)으로 그 상태가 양호한 호류지〔法隆寺〕헌납보물의 탈을 중심으로 삼고, 기타 여러 사찰의 소장품을 참조하면 탈 복원 작업(소민(素民) 심이석(深履錫) 옹)에 별다른 무리가 없을 것으로 생각된다.

6. 자료/쇼우소인(正倉院)의 기악탈

일본 왕실의 보물인 '어물(御物)'을 소장(약 8000여 점)하고 있는 쇼우소인〔正倉院〕은 원래는 도우다이지〔東大寺〕의 창고였다. 현재 쇼우소인〔正倉院〕에는 상당수의 기악탈이 보존되어 있는 바, 이에 대한 내용은 최재석이 지은 《쇼우소인〔正倉院〕 소장품과 통일신라》(一志社, 1966), 「쇼우소인〔正倉院〕의 기악」에 기술되어 있다.

이를 참고, 인용하여 그 대강을 정리해 본다. 최재석은 모우리 히사시〔毛利 久〕, 하야시 겐죠〔林 謙三〕 등이 논자로 참여한 《쇼우소인〔正倉院〕의 기악면(伎樂面)》(쇼우소인〔正倉院〕 사무소편, 1955)과 이시다 시게사쿠〔石田茂作〕가 지은 《正倉院伎樂面の硏究》(1955) 등을 참조하여 기악에 대해 서술했는데 그 요지를 간추려 보면 다음과 같다.

"쇼우소인〔正倉院〕의 현존 기악탈은 파손된 것을 포함하면 목조(木彫) 사자(獅子) 탈 9점, 목조 탈 126점, 건칠(乾漆) 탈 36점, 합계 171점이다. 쇼우소인〔正倉院〕 기악면(伎樂面)은 752년 도우다이지〔東大寺〕의 대불(大佛) 개안식(開眼式) 때 사용된 것이 중심이 되어 있다고 하더라도 그후에 제작된 것도 적지 않게 포함되어 있는 것으로 생각된다……. 쇼우소인〔正倉院〕의 탈을 넣은 자루〔面袋〕는 모두 기악탈을 넣는 것인데 현재 29점이 있다.

기악면(伎樂面) 한 질은 다음과 같이 14종 23면으로 구성되어 있다.

① 사자(獅子) 1면 ② 사자아(獅子兒) 2면
③ 치도(治道) 1면 ④ 오공(吳公) 1면
⑤ 금강(金剛) 1면 ⑥ 가루라(迦樓羅) 1면
⑦ 곤륜(崑崙) 1면 ⑧ 오녀(吳女) 1면
⑨ 역사(力士) 1면 ⑩ 바라문(婆羅門) 1면
⑪ 태고부(太孤夫) 1면 ⑫ 태고아(太孤兒) 2면
⑬ 취호왕(醉胡王) 1면 ⑭ 취호종(醉胡從) 8면

최재석은 〈표1〉과 〈표2〉를 작성하여 쇼우소인〔正倉院〕 기악탈과 제작자의 관계를 제시했는데 2개의 도표를 1개로 정리하여 탈과 제

쇼우소인〔正倉院〕 기악탈(伎樂面)과 제작자

제작자	제작한 기악탈
將(相) 李魚成	力士, 太孤夫, 醉胡從
基永師	治道, 吳女, 醉胡從
延均師	獅子兒, 醉胡從
財福師	醉胡從
捨目師	獅子兒, 吳公, 太孤兒, 醉胡從
上牛甘	
大田倭麻麗	獅子兒, 治道, 吳公, 太孤夫, 醉胡從
荵坂福貴	治道, 醉胡王

작자 관계를 알아본다.

탈에 새겨져 있는 명문(銘文)을 참조하면 장이어성(將李魚成), 기영사(基永師), 연균사(延均師), 재복사(財福師) 4명은 752년 4월 9일 도우다이지〔東大寺〕 대불개안식에 사용된 기악탈의 제작자임을 알 수 있다.

제작자 중에서 장(상)이어성(將(相)李魚成)의 장(將) 또는 상(相)은 본래 거느리는 사람이나 인도자를 뜻했으나, 이것이 본래의 성(姓)인 이(李)와 결합하여 장이(將李) 또는 상이(相李)가 된 듯하다. 따라서 장이어성(將李魚成)은 도우다이지〔東大寺〕 대불개안식(大佛開眼式) 때 상연할 기악탈 제작의 책임자 역할을 했을 듯하다. 이름 다음에 사(師)자가 붙은 기영사(基永師), 연균사(延均師), 재복사(財福師) 등은 뛰어난 제작 전문가임이 틀림없을 것이다. 이어성(李魚成)을 비롯한 이들 5인을 도우다이지〔東大寺〕 대불(大佛)의 개안식(開眼式)을 지도하기 위하여 신라에서 파견된 신라인의 일부일 것으로 보는 견해가 있다. 이들 5인의 이름은 다음의 일본인 이름이나 형식과 다름을 알 수 있다. 가미노 우시가이〔上牛甘〕, 오오다 야마토마로

〔大田倭麻麗〕, 네기사카 후쿠키〔葱坂福貴〕, 가미노 우시가이〔上牛甘〕는 탈 자루 하나만 남겼고, 네기사카 후쿠키〔葱坂福貴〕는 그 활동 연대를 알 수 없고, 오오다 야마토마로〔大田倭麻麗〕는 이름의 형식으로 보아서도 신라인은 아니며, 그가 만든 탈을 대불 개안식 때의 탈과 비교할 때 연대가 내려온다고 생각되므로 나라〔奈良〕시대 말기의 제작자로 여겨진다.

서기 660년에 백제가 멸망한 후 100여년 가깝게 지난 752년에 도우다이지〔東大寺〕불사(佛事) 때 사용된 기악탈 제작자 일부가 신라인으로 보는 추정은 그 개연성이 높다고 할 것이다.

최재석은 맺는 말에서 "…《일본서기》에 나오는 7세기 초반까지의 기악은 백제의 것이나 7세기 후반 덴무〔天武〕시대의 기악이나 752년에 등장하는 기악은 덴무〔天武〕시대와 8세기의 신라와 일본 간의 정치, 불교 관계, 기악 무용시 착용한 의복의 내용, 신라 기와 문양과 쇼우소인〔正倉院〕기악탈 형태의 유사성, 한국 탈과 일본 기악의 존속 시기의 비교 등의 시각에서 보아서 신라 것임을 알게 된다."고 마무리짓고 있다.

그의 이러한 소견은 앞으로 적합한 자필 검증과 치밀한 고증 과정을 거친 연구에 정견(定見)으로 자리잡기를 기대해 본다.

7. 산대놀이와 기악 무대

여기서 말하는 무대란 평지(平地)의 놀이판을 뜻한다.
다음은 이혜구의 의견이다.

"김재철의 《조선연극사》에 보면 산대놀이의 평지 무대는 개복청(改服廳)과 붙어 있어, 춤꾼이 곧바로 개복청에서 무대의 나오게 되어 있다. 그러나 양극에서 본 내(이혜구) 기억에는 개복청이 천막(天幕) 뒤에 가려져 있어 춤꾼이 천막 뒤를 돌아서 무대로 나온 것이다."

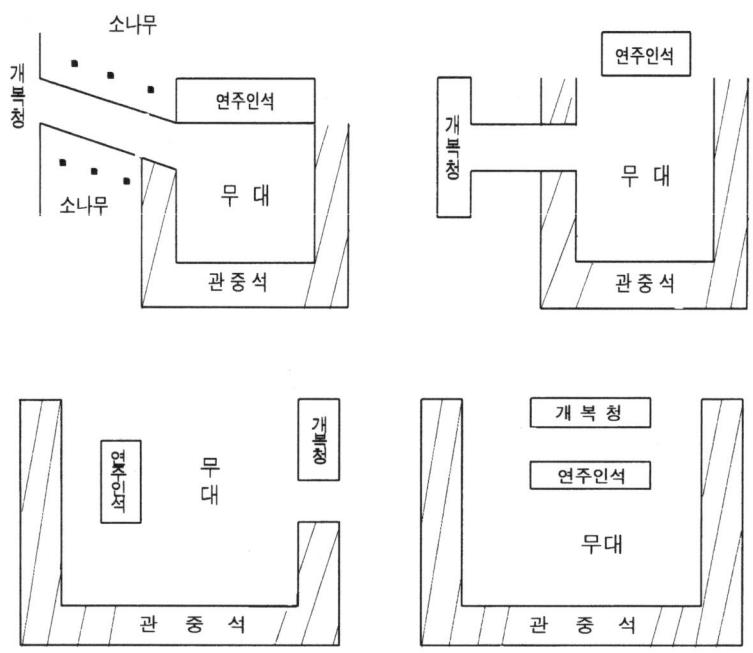

다음에 두 가지 양식의 무대는 그것이 마당에 자리했을 경우이고, 허호영(許浩永)의 또 다른 의견이 있다.

"몇 개의 소나무에 매단 두 줄의 새끼 사이가 춤꾼의 통행로이며, 그 새끼줄은 관객의 출입을 막고 있다. 춤꾼의 통행로는 개복청에서부터 천막 앞의 무대에까지 이르게 되어 있다"

기악의 무대는 그에 관한 자료가 없으므로 알기 어렵지만, 산대놀이 무대와 기악의 후신인 노오〔能〕 무대를 연상케 하는 것이다.

춤꾼이 개복청에서 소나무(3개 정도)에 매단 줄 사이를 지나 연주

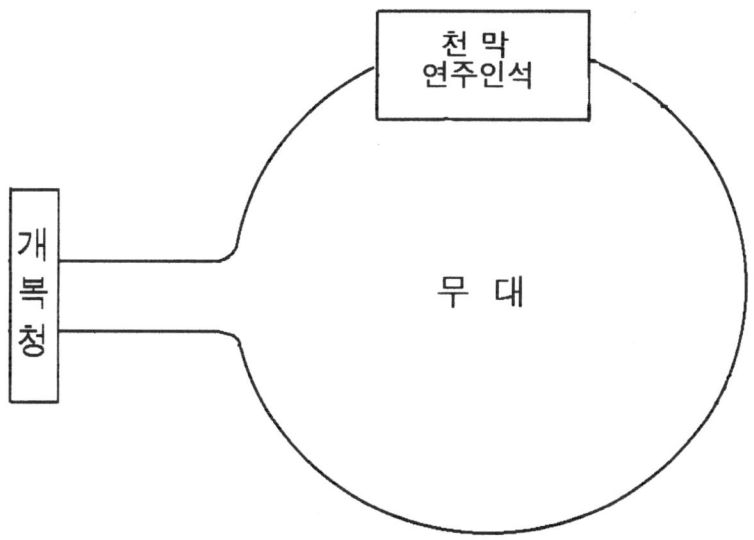

인석 앞의 무대로 등장한 것으로 추측된다.

[복원과제] 산대놀이와 기악의 무대는 막(幕)이 없기 때문에 등장인물 모두가 개복청으로 등장, 퇴장하는 것으로 장면의 바뀜을 나타내고 있다.

등장인물 가운데 몇몇은 일시 관중석 앞으로 퇴장했다가 재등장하는 연출법도 있는 바 관객과 놀이꾼이 함께 만들어 내는 마당굿이라는 면에서 참고될 만하다.

8. 산대놀이와 기악의 대사

산대놀이 과장 중에서 무언(無言)의 인물이 등장하여 유언(有言)의 인물과 어울리는 과장이 있는 바, 그 예를 들어 보면 다음과 같다.

① 관(冠) 쓴 중 과장
　　무언/관 쓴 중, 애사당, 왜장녀
　　유언/중들
② 노장 과장
　　무언/노장, 당녀
　　유언/완보
③ 샌님과장 후경
　　유언/샌님
　　무언/포도부장, 소무
④ 신할아비 과장
　　유언/신할아비
　　무언/미얄할미

　이와 같이 산대놀이의 대사는 부분적으로 무언이고 부분적으로 유언이다. 기악의 경우 대사가 있는지 또는 없는지, 이는 알 수 없다. 그러나 기악이 극(劇)인 이상 노오(能)와 같이 극의 동기(動機·能의 次第), 등장인물의 소개(能의 名乘), 장면의 설명(能의 行道) 등은 대사가 요구된다고 하겠다.

　기악이 교훈극인 이상 그 교훈의 개념 전달은 대사를 요구하게 된다. 예를 들면 산대놀이의 팔목 과장에서 중은 절에서 염불에 정진해야 한다는 교훈은 대사가 없으면 전달하기 어렵다. 노오(能)는 기악과 같이 탈을 쓰고 춤을 춘다. 다만 노오(能)는 노래를 하고, 기악은 대사가 있었던 것으로 믿어진다.

　[복원과제] 기악의 대사 복원은 불가능하므로 산대놀이 대사를 채용할 수밖에 없다. 산대놀이의 대사에 많이 나오는 욕설과 곁말을

불교의 교훈극에 부적당할 것 같다. 그러나 기악에서 역사가 곤륜의 남근을 새끼줄로 동여매고 희롱하는 장면을 미루어, 욕설은 모르지만 곁말까지 쌍스럽다고 제거되지 말아야 할 것이다. 그같은 곁말까지 없으면 기악은 너무 딱딱할지 모르기 때문이다.

(이혜구는 기악이 불교 교훈극인 이상 그 개념 전달을 위해서는 대사가 요구되지만, 기악대사의 복원은 불가능하므로 산대놀이의 것을 빌려 쓸 수밖에 없다고 주장하고 있다. 그러나 대사 복원의 문제는 그렇게 간단하지 않다고 나는 보고 있다. 산대놀이와 기악에 등장하는 배역 각인의 연기 장면에 차이가 있으므로 일방적으로 대사를 대입하는 젓은 매우 혼란스러울 것 같고, 새로 대사를 작성하여 적용시키는 것도 자칫 잘못하면 아니 한 것만 못할 게 분명하다.

기악 복원시에는 무언극으로 출발시키고 그런 다음 대사 도입 문제를 차후에 신중히 검토해야 옳을 것으로 편자는 생각한다.)

9. 산대놀이와 기악의 음악, 춤

(1) 음악

산대놀이의 반주음악은 젓대, 피리, 해금, 장고 등의 삼현육각이 연주하는 염불, 타령, 굿거리 등이다. 이들 가운데 타령, 굿거리보다 느린 곡인 염불은 승무(僧舞) 등의 염불같이 6박(拍)이 아니고 5박이다.

기악의 반수음악(하야시 겐죠[林謙 三], 《기악곡신해(伎樂曲新解)》 참조, 1969)에 대해 서술한 악보(樂譜)의 종류는 다음과 같다.

① 신찬악보(新撰樂譜): 기악의 적보(笛譜)로서 가장 오래되었다

(源博雅 편집, 966년). 여기에는 사자, 오공, 금강, 가루라, 곤륜, 역사, 바라문, 대고, 취호의 9곡이 실려 있다.

② 회중보(懷中譜): 1095년에 편찬된 이 악보는 당악의 적보(笛譜) 중에 사자 1곡이 수록되어 있다.

③ 인지요록(仁智要錄): 1177-1192년에 편집된 이 악보는 쟁곡집(箏曲集)으로 권12에 기악 9곡을 수록해 놓았다. 9극 가운데 가루라는 환성악(環城樂), 바라문, 금강, 취호는 승화악(承和樂)을 각기 대곡(代曲)으로 사용한다는 주기(註記)가 있다.

④ 기악곡(妓樂曲): 1294년 편집, 오늘날 전해지는 유일한 기악 쟁곡집(箏曲集)이다. 이 악보에서 적(笛)이란 것은 당악의 횡적(橫笛)을 가리키며, 삼고(三鼓)는 요고(腰鼓)를, 토박자(土拍子)는 나라시대(奈良時代)의 정반(鉦盤)이었던 것을 후세에 채용―동발(銅鉢) 즉 동박자(銅拍子)를 가리킨다. 이 악보의 내용에는 사자, 오공, 금강, 환성악(還成樂, 가루라의 代曲)으로 본래 기악곡(伎樂曲) 7곡이 수록되어 있다.

위에서 설명한 ②-④의 악보 내용을 비교해 보면, 기악곡은 9곡이며 적보(笛譜)와 쟁보(箏譜)에 탁자가 서로 다르게 나와 있는 것은 사자, 가루라, 역사 등의 예가 있다. 그리고 바라문과 취호 2곡은 적보(笛譜)가 없고, 쟁보(箏譜)를 통해서 그 곡을 상상할 수 있을 뿐이다. 또만 곤륜의 경우, 적(笛)과 쟁(箏) 2악보는 전혀 다른 곡으로 되어 있다. 이와 같은 현상에서 주목되는 바는 기악이 오랜 세월 경과되면서 이설(異說)이 생기거나 또는 대곡(代曲)이 도입되어 원래의 악곡이 잊혀졌음을 알게 된다.

기악의 가락(音調)에는 일월(一越) d, 평조(平調) e, 반섭(盤涉) h의 종류가 있다. 이는 당악(唐樂) 가락의 이름을 빌려 쓴 것이므로 본래의 가락을 파악하는데 문제가 있다고 하겠다. 원시(原始) 기악곡(伎樂曲)이 시대의 흐름에 따라 변해 왔는 바, 8세기 후반부터는 당악곡(唐樂曲)과 동일한 가락으로 동화되었다고 보아도 좋을 것이다.

[복원과제] 하야시 겐죠[林謙 三, 奈良藝術大學 교수]가 해석한 기악곡(伎樂曲)이 《天平・天安時代の音樂》(1955, 콜롬비아 레코드)이란 이름으로 녹음되었다. 기악 음악은 완전히 복원되지 못했고, 설사 복원되더라도 한국에서 그 연주는 어렵고, 연주될 수 있더라도 그 음악에 어떤 춤사위를 적용할지가 막연하다.

기악 복원시에는 기악의 악기 편성인 횡적(橫笛), 삼고(三鼓), 동박자(銅拍子)에 가깝게 산대놀이에서의 피리와 해금을 일단 제외시킨 다음 대금과 장고는 그대로 두고 제금을 추가하여 염불, 타령, 굿거리 등을 그대로 쓰는 방법이 있을 것 같다. 그러나 본격적으로 재창조되는 기악의 음악은 결국 산대놀이 반주편성에 따라야 할 것으로 본다.

(2) 춤

[복원과제] 기악의 춤은 사자, 오공, 금강, 가루라, 곤륜, 역사, 바라문, 대고, 취호 등이 음악에 맞추어 추는 춤이 있었을 것이 틀림없으나, 그 춤사위가 기록되어 있지 않으므로 기악 춤의 복원은 불가능하다. 따라서 산대놀이 춤에 기초하여 재창조하는 길밖에 없다.

이혜구는 기악 복원 과제에 대한 결론으로 다음과 같이 요약하고 있다.

"산대놀이와 기악의 내용, 주제가 불교의 교훈극임을 알았다. 산대놀이의 전경(前景)은 사건의 제시이고 후경(後景)은 교훈(敎訓)을 말하고 있다.

그는 이어서 산대놀이와 기악의 각 과장의 주제와 교훈을 비교하여 그 동일성을 다시 확인한 다음,

"산대놀이의 등장인물 이름이 기악의 그것으로 복원될 수 있는 것 같이 산대놀이 탈도 기악의 그것으로 복원될 수 있으리라고 생각한다"고 하여 주제, 등장인물, 탈 등의 복원 가능성을 제시하면서,

"그러나 기악의 의상, 대사, 음악, 춤은 불명(不明)이어서 그 복원이 불가능하고, 따라서 산대놀이의 의상, 대사, 음악, 춤이 그대로 사용되고, 교훈극답게 부분적으로 고쳐질 수밖에 없으리라 생각한다"고 맺고 있다.

이제까지 산대놀이와 기악 내용 전반에 걸쳐 비교, 검토한 이혜구의 연구자료를 토대로 하고, 여기에 한·일 연구자의 견해를 보완하고 나의 의견을 덧붙이는 형식으로 '기악재창출'이란 막중한 과제에 접근해 보았다.

주요 참고 문헌

논문
1. 이혜구, 산대극(山臺劇)과 기악, 연희춘추(延禧春秋, 1953).
2. 이혜구, 기악과 산대탈극(山臺假面劇), 조선학보(朝鮮學報), 1969, (일문(日文)).

3. 이혜구, 양주(楊州) 산대놀이의 옴, 먹중, 연잎 과장, 예술원논문집 8집, 1969.

4. 이혜구, 양주 산대가면극에서의 등장과 퇴장의 형식, 동방학지(東方學志) 20집, 1978.

5. 이혜구, 양주(楊洲) 산대도감극과 일본 기악, 백제 기악 복원 세미나, 한국민속예술연구원, 충청남도 지부, 1991.

6. 박전열, 일본 기악의 연구, 한국민속 23집, 민속학회, 1990.

7. 무라카미 아키코〔村上祥子〕, 한국 탈놀이와 일본 기악의 연구, 고려대대학원 석사학위논문, 1991.

8. 서연호, 탈극의 양식 및 전승적 측면에서 살펴본 오국(吳國)의 위치—일본 기악과의 비교를 중심으로, 일본학(日本學) 제12집, 동국대 일본학연구소, 1993.

9. 이영식, 古代人名からみた「吳」(고대 인명으로 본 '오'), 日本歷史, 502호, 1990.

10. 나리사와 마사루〔成澤 勝〕, 伎樂論を通して朝鮮社會の特徵的表象を探究(기악론을 통해 고대 조선사회의 특징적인 표상을 탐구), 1997.

저서

1. 이혜구, 한국음악연구(韓國音樂研究), 국민음악연구회, 1957

2. 장사훈 외, 이혜구 박사 송수기념 음악학논총, 사단법인 한국국악학회, 1969.

3. 심우성, 한국의 민속극, 창작과 비평사, 1975.

4. 이두현, 한국가면극론, 교문사, 1997.

5. 최재석, 백제의 대화왜(大和倭)와 일본화 과정, 일지사, 1990.

6. 최재석, 정창원(正倉院) 소장품과 통일신라, 일지사, 1996.

7. 송방송, 한국고대음악사연구, 일지사, 1985.

8. 김학주, 한·중 두 나라의 가무와 잡희, 서울대학출판부, 1994.

9. 심우성, 탈, 대원사, 1994.

10. 이두현, 한국의 탈춤, 일지사, 1981.

11. 홍윤기, 일본문화사, 서문당, 1999.

일본

1. 法隆寺獻納寶物 伎樂面, 東京國立博物館編, 便利堂, 1984.

2. 노마 세이지[野間淸之], 日本假面史(일본가면사), 藝文書院, 1943.

3. 가네코 료우운[金子良運], 假面の美(탈의 미), 社會思想, 1969.

4. 요시가와 히데시[吉川英史], 日本音樂の歷史(일본 음악의 역사), 倉元寺, 1974.

자료

5. 日本書紀, 성은구, 독주, 정음사, 1987

중국의 기악(伎樂)

도용(陶俑)·화상석(畵像石)·화상전(畵像磚)을 중심으로

구중회(공주대학교 교수)

I. 서론

　기악(伎樂)에 관한 기록이 우리나라나 중국에서는 거의 없는 것으로 알려졌다. 일본에 기악탈이 200여 점이 전승되고, 근래에는 우리나라에서도 고 소민(素民) 심이석(沈履錫, 1912-2002) 옹이 '일본국립박물관' 과 정창원(正倉院) 등에서 실측하여 15점을 복각한 바 있다.
　더구나 기악의 편성과 내용 따위는 전혀 알려진 바 없다. 근래에 일본의 천리대학교 교수[佐藤浩司]와 우리나라의 공주민속극박물관장(沈雨晟)이 각각 일본과 우리나라(백제)의 기악을 복원해 보고자 노력을 기울이고 있는 중이다. 이들의 노력이 헛되지 않은 탓인지, 최근 중국에서 기악에 관한 새로운 자료가 나타나 이를 중심으로 본고를 전개하고자 한다.
　그 자료란 유량긍(兪凉亘), 주립(周立)이 주편한 《낙양도용(洛陽陶俑)》(2005, 북경도서관출판사)를 비롯하여 채영거(蔡英炬)가 주편한 《중국화상석전집(中國畵像石全集)》1-8(2000, 산동미술출판사)와 후영(侯榮) 수산천(隋山川)이 편집한 《중국화상전전집(中國畵像石全集)》(2006, 사천미술출판사) 따위이다. 특히《낙양도용(洛陽陶俑)》에는 기악의 연주 장면이 사진으로 제시되어 기악 연구에 새로운 전환점을 마련할 것으로 생각된다.

《낙양도용》에 의하면 '기악'이 동한(AD 25-220) 시기에 나타나는데, 왜 이후 시기에는 나타나지 않는가 여간 궁금하지 않다. 또한 '기악'이 춘추(BC 9세기-BC 3세기)시대의 '우(優)'와 한나라(BC 206-AD 220) 시대의 '백희(百戲)'[1]는 어떤 관계인지, 장헌(?- BC 114)과 반초(班超, 32-102) 이후 실크로드[2](胡) 문화가 수용된 수나라(581-619) 시대의 구부기(九部伎)[3]나 당나라(618-907) 시대의 십부기(十部伎)[4]와는 어떤 관계인지도 역시 궁금한 일이다. 따라서 본고는 문제를 '해결하기'보다는 '제기하기'로 제한적인 논의를 할 것이다.

II. 기악의 편성

기악이 언제부터 중국에서 기원하였는지 알 수 없다. 그런데 《낙양도용(洛陽陶俑)》를 살펴보면, 어느 정도 그 유행 기간과 실체를 짐작할 만하다고 할 것이다.

---

1) 진한시대에 유행된 가무와 잡기를 총칭하여 이르는 말이다. 마술, 가무, 희극 따위를 포괄한다. 한나라 대에는 각저희(角抵戲)로 불렸으며, 남북조 시대 이후에는 산악(散樂)으로 불렸다.
2) Silk Route: 독일의 지리학자 리히트호펜이 처음 사용한 용어로 중국과 서역 각국의 정치·경제·문화를 이어 준 육해 교통로의 총칭이다. 이들 중국식 표기는 호악(胡樂), 호무(胡舞), 호희(胡戲) 따위가 있다.
3) 구부기는 달리 구부악(九部樂)이라고도 하는데 수나라 말기와 당나라 초기의 궁정음악을 말한다. 원래 수나라의 칠부악(七部樂) 가운데 국기(國伎)를 서량(西涼)으로, 청상기(清商伎)를 청악(清樂)으로 개명하고, 이에 소륵기(疏勒伎)와 강국기(康國伎)를 포함하여 구부악을 만들었다. 정관(貞觀) 연간에는 문강기를 폐하고 연악(燕樂)을 포함하였다. 구부기는 청악기(清樂伎), 서량기(西涼伎), 천축기(天竺伎), 안국기(安國伎), 구자기(龜玆伎), 소륵기(疏勒伎), 강국기(康國伎), 고려기(高麗伎), 문강기(文康伎) 따위를 말한다.
4) 십부기는 문강기를 연악기(燕樂伎)로 바꾸고, 서역의 고창기(高昌伎)를 덧붙인 것이다.

위의 책은 46배판 347쪽의 사진집이라고 할 수 있다. 목차를 보면 제1부 양한(兩漢), 제2부 위진북조(魏晉北朝), 제3부 수당(隋唐)으로 구성되어 있다. 각 부는 다시 소도(素陶), 채회(彩繪), 유도(釉陶) 따위로 분류하고 있다. 그런데 기악용(伎樂俑)은 제1부 양한의 '동한채회(東漢彩繪)'에만 등장한다. 1997년 낙양시 언사북요향에서 출토된 기악(여기서는 편의상 '언사북요기악(偃師北窯伎樂)'라고 부르기로 한다. 아래는 모두 같은 사례로 삼는다. [도판 1] 참조), 1987년 낙양시 간서구에서 출토된 기악 1('간서 1 기악(澗西1伎樂)》'[도판 2] 위 그림 참조), 기악 2('간서 2 기악(澗西2伎樂)'[도판 2] 아래 그림 참조), 1992년 낙양시 동북교에서 출토된 기악(동북교 기악(東北郊伎樂) [도판 3] 참조) 따위가 그것이다.

이들 외에는 '기악용'이 등장하지 않는다. 즉 양한 시대에서 수당 시대까지 다른 '기악용'은 등장하지 않는다는 말이다. 다만 북조의 경우 몇 종의 기악적인 성격의 도용이 계승될 뿐이다.[5]

이러한 점을 감안한다면, 중국의 기악은 동한에 형성 발전한 것이 아닌가 하는 추측이 가능하다.

언사북요 기악은 무용(舞俑) 2건, 악용(樂俑) 5건, 잡기용(雜技俑) 1건, 골계용(滑稽俑) 3건[6] 총 11건이다. 간서 1 기악은 취주용(吹奏), 격고용(擊鼓俑), 무용용(舞踊俑), 포복용(匍匐俑), 골계용(滑稽俑) 따위의 총 15건이다. 간서 2 기악은 취주용, 무슬용(撫瑟俑), 무용용(舞踊俑), 도립용(倒立俑) 따위의 총 25건이다. 규면에서는 제일 큰 편

---

5) 등장하는 기악 도용은 취소용(吹簫俑), 비파용(琵琶俑), 취소여용(吹簫女俑), 비파여용(琵琶女俑), 격고용(擊鼓俑), 격고여용(擊鼓女俑), 기마격고남용(騎馬擊鼓男俑), 도고용(鼗鼓俑), 의장용(儀仗俑) 따위가 있다.

6) 오른편 맨 끝에 배치된 도용 둘은 해설을 하지 않았으나, 앞줄의 골계용과 채색이나 모양새가 유사하여 포함시켰다.

이다. 동북교 기악은 취소용(吹簫俑), 취훈용(吹壎俑), 격고용 따위가 악용이다. 그 외에 무용용(舞踊俑), 도립용(倒立俑), 골계용 따위의 총 18건이다.[7]

이상을 정리하면, 기악은 최소한 11명에서 최고 24명[8]으로 편성되며, 무용 · 음악 · 잡기 · 골계[9] 따위의 장르로 편성된 듯하다.

여기서 한 가지 주목해야 할 것은 동한 시대의 '연악화상전(宴樂畵像磚)'[10]([도판 4 참조])이다. 악무, 격고, 취주, 기마 따위의 기악의 요소들이 등장한다는 것이다. 이 그림이 기악의 내용과 어떻게 관계가 있는지 섬세한 접근이 필요할 것이다. 앞으로의 과제라 아니할 수 없다.

하여튼 기악이 얼마나 현실 세계에서 유행했으면, 도용으로까지 만들어졌는지 하는 상상은 어렵지 않을 듯하다.

III. 도용에 나타난 기악의 모습[11]

이 항목에서 설명하는 내용은 유량긍(兪凉亘), 주립(周立)이 주편한 《낙양도용(洛陽陶俑)》(2005, 북경도서관출판사)에 의거한 것이다. 이들 설명 외에 더 상세한 것을 알고자 할 경우 유량긍(兪凉亘),

---

7) 이러한 도용의 이름은 전적으로 《낙양도용》의 편제에 따랐다. 그런데 도립용과 잡기용 따위와 같은 예에서 보듯 이들이 어떻게 구별되는지 잘 이해가 되지 않는다.
8) 1건은 기악의 도구이다.
9) 골계는 요사이 말로 하면 '개그'가 아닐까 싶다.
10) 가로와 새로가 각각 58mm인 정방형이다. 1993년 협서성 평리현 금병향 도초 가촌에서 수집된 것이다.
11) 이 항목에 소개되는 내용은 《낙양도용》을 중심으로 엮은 것이다.

고금조(高金照)의 《낙양동부교동한묘발굴간보(洛陽東北郊東漢墓發掘簡報)》와 《문물(文物)》(2000년 제8호)을 참고하기 바란다.

1. 언사북요 기악(偃師[12] 北窯伎樂)([도판 1] 참조)

1997년에 낙양시(洛陽市) 언사북요향(偃師北窯鄕)에서 출토되었다. 높이 9.5 -14.7mm이다. 모두 11건이다. 균일하게 앞의 것은 흰색 도의(陶衣)를 입고 뒤의 것은 붉은색 채색이다. 무용(舞俑) 2건, 악용(樂俑) 5건, 잡기용(雜技俑) 1건, 골계용(滑稽俑) 1건 따위이다. 모든 장면이 즐겁고 흥성하다.

《무용(舞俑)과 골계용(滑稽俑)》([도판 5] 참조)
높이 평균은 14.5mm이고 머리에는 관을 썼다.
왼쪽의 무용은 몸체에 구멍을 뚫고 넓은 소매(寬袖)와 긴 치마〔長裙〕를 입었다. 양 손은 치켜들어 구부려 위를 향하였다. 왼 정강이〔左腿〕 앞에는 활이 있고 오른 정강이〔右腿〕 뒤에는 비틀거리며 춤을 추며 뛰는 모습이다.
오른쪽의 골계용은 눈이 깊고 코가 높으며 광대뼈가 불룩하게 나왔다. 상반신은 벗은 채로 드러나 있고 배는 흔들린다. 아래에 구멍을 뚫었고 넓은 정강이 바지〔寬腿褲〕를 입었다. 왼손이 허리측에서 구부렸고 오른손은 아래가 펴졌다. 왼 정강이가 세워 있고 오른 다리는 들어서 골계 모습을 만들었다. 모자와 바지의 일부는 홍채를 발랐다.

---

12) 언사(偃師)는 허수아비나 인형을 놀리는 사람, 즉 괴뢰사(傀儡師)를 말한다.

《잡기용(雜技俑)》([도판 6] 참조)

높이는 9.5mm이다. 머리는 빗을 꽂았고 높게 묶었다. 몸을 감은 옷을 뚫고 두 손은 땅을 짚었다. 두 정강이는 위로 향하여 엎디어 선 모습이다.

《악용(樂俑)》([도판 7] 참조)

높이가 12mm이다. 머리는 관을 썼고 몸에 구멍을 뚫었고 넓은 소매와 긴 치마를 입었다. 앉음새는 꿇고 앉았으며 왼손은 가슴 앞에서 구부렸고 오른손은 오른 귀를 손바닥으로 덮었다. 통상적으로 몸체는 붉은 채색이다.

《취소용(吹簫俑)》([도판 8] 참조)

높이가 12.5mm이다. 머리에는 관을 썼고 몸에 구멍을 뚫었다. 넓은 소매와 긴 치마를 입었다. 앉음새는 꿇고 앉았으며 왼손은 통소 구멍을 막고 오른손은 통소를 어루만지므로 통소를 부는 모습이다. 통상적으로 몸은 붉은 채색이다.

《취훈용(吹塤俑)》([도판 9] 참조)

높이가 12mm이다. 머리는 관을 썼고 몸에 구멍을 뚫었다. 넓은 소매와 긴 치마를 입었다. 앉음새는 꿇고 앉았으며 두 손은 뾰족한 끝에 두고 질나팔을 쥐었다. 취주하는 모습이다. 통상으로 몸은 붉은 채색이다.

《취주용(吹奏俑)》([도판 10] 참조)

높이가 12.5mm이다. 머리는 관을 썼고 몸에 구멍을 뚫었다. 넓은 소매와 긴 치마를 입었다. 앉음새는 꿇고 앉았으며 두 손은 뾰족한 앞에 두고 악기를 쥐었다. 취주하는 모습이다.

2. 간서 1 기악(澗西1伎樂)([도판 2] 참조)

1987년에 낙양시 간서구에서 출토되었다. 높이가 6-12.5mm이다. 총 15건이다. 기악용의 배치는 연주 장면이다. 취주(吹奏), 격고(擊鼓) 따위의 악용이 있다. 그 외는 무용용(舞踊俑), 포복용(匍匐俑), 골계용(滑稽俑) 따위가 있다. 모든 장면이 즐겁고 흥성하다. 채색은 탈색이 많다.

《무용(舞俑)》([도판 11] 참조)
높이가 10.2mm이다. 몸은 넓은 소매와 긴 옷을 착용하다. 아래 바지를 뚫었으며, 오른 다리는 땅에 세우고 왼 다리는 쳐들었다. 오른손은 위로 구부이고 왼손은 허리에 두고 얼굴을 들어 오른쪽을 본다.

《포복용(匍匐俑)》([도판 12] 참조)
높이가 6mm이다. 머리는 관을 썼고 몸은 넓은 소매와 긴 도포를 착용했으며 허리는 혁대를 묶었다. 두 손은 땅에 엎디었고 두 정강이는 땅에 꿇었다. 머리는 일으켜 쳐들고 앞을 보았다.

《골계용(滑稽俑)》([도판 13] 참조)
높이가 9.5mm이다. 머리는 건을 동였다. 상체는 웃통을 벗고 하체는 넓은 바지를 착용했다. 손을 구부려 어깨를 으쓱했다. 배가 볼록하게 나오고 엉덩이를 쳐들어 골계를 만들었다.

3. 간서 2 기악(澗西2伎樂)([도판 2] 참조)

1987년에 낙양시 간서구에서 출토되었다. 높이가 6-12mm이다.

총 25건이다. 기악용의 배치는 연주 장면이다. 취주(吹奏), 무슬(撫瑟) 따위의 악용이다. 그 외는 무용용(舞踊俑), 도립용(倒立俑) 따위가 있다. 모든 장면이 즐겁고 흥성하다. 채색은 탈색이 많다.

《무용(舞俑) 1》([도판 14] 참조)

높이가 11.5mm이다. 몸은 좁은 소매와 긴 옷을 입었다. 왼손은 펴서 세우고 왼손은 왼쪽 위의 방향으로 곧게 세우고, 오른 팔꿈치를 구부렸다. 오른손은 왼쪽 위의 방향을 향하여 폈다. 얼굴은 왼쪽을 방향을 바라보며 향했다.

《무용(舞俑) 2》([도판 15] 참조)

높이가 10.3mm이다. 머리는 관을 썼다. 몸은 좁은 소매와 긴 도포를 착용했다. 두 어깨를 펴고 손을 감췄다.

《채회 남용(彩繪男俑)》([도판 16] 참조)

높이가 10mm이다. 머리는 관을 썼다. 몸은 좁은 소매와 긴 도포를 입었다. 허리는 혁대를 묶었다. 왼손은 허리춤에 물건을 두고 오른손은 오른 귀에 붙여서 물건을 잡았다. 두 손은 땅에 엎디었고 두 정강이는 땅에 꿇었다. 머리는 일으켜 쳐들고 앞을 보았다.

4. 동북교 기악(東北郊伎樂)([도판 3] 참조)

1992년에 낙양시 동북교에서 출토되었다. 높이는 6-10.5mm이다. 총 18건이다. 기악용 배치는 연주 장면이다. 취소(吹簫), 취훈(吹塤), 격고(擊鼓) 따위가 악용이다. 그 외에 무용용(舞踊俑), 도립용(倒立俑), 골계용(滑稽俑) 따위가 있다. 장면이 즐겁고 인물들이 각기 다르다. 각 개별 동용들이 균일하게 붉은 채색인데, 탈색된 것이 많다.

《잡기용(雜技俑)》([도판 17] 참조)

높이는 8mm이다. 몸은 몸에 붙는 옷을 입었다. 두 손은 땅을 짚고 거꾸로 세운 자세를 했다. 두 정강이는 위로 향하여 뒤로 구부렸다. 눈은 앞을 바라보았다.

《무용(舞俑)》([도판 18] 참조)

높이가 10mm이다. 머리는 높게 보이도록 묶었다. 몸은 넓은 소매와 긴 치마를 착용했다. 두 손은 위로 쳐들고 긴 소매는 날려 드리웠다. 왼 정강이는 앞으로 구부렸고 오른 정강이는 뒤를 향하여 곧게 뻗었다. 얼굴은 왼쪽 전방을 향했다. 붉은 채색은 탈색이 많다.

《골계용(滑稽俑)》([도판 19] 참조)

높이가 10mm이다. 머리에는 건을 동였다. 상체는 웃통을 벗고 하체는 넓은 바지를 착용했다. 두 손은 아래로 눌렀고 두 정강이는 조금 구부렸다. 배가 볼록하게 나오고 엉덩이를 쳐들었다.

《무슬용(撫瑟俑) 1》([도판 20] 참조)

높이가 8mm이다. 머리에는 관을 쓰고 붉은 입술이다. 몸은 넓은 소매와 긴 치마를 입었다. 몸을 앞으로 구부리고 앉아 땅에 자리했다. 거문고는 정강이 위에 놓고 두 손은 거문고를 잡았다. 붉은 채색은 탈색이 많다.

《무슬용(撫瑟俑) 2》([도판 21] 참조)

1954년에 출토되었다. 높이는 8.6mm이다. 머리에는 관을 쓰고 몸에는 넓은 소매와 긴 치마를 입었다. 몸을 앞으로 구부리고 앉아 땅에 자리했다. 거문고를 정강이에 올려놓고 두 손은 거문고를 타는 형상이다. 붉은 채색은 탈색이 많다.

《취주용(吹奏俑)》([도판 22] 참조)

높이가 8mm이다. 머리는 관을 쓰고 몸은 넓은 소매와 긴 치마를 입었다. 몸을 앞으로 구부리고 앉아 땅에 자리했다. 위 그림 도용은 두 손으로 배소를 잡았고 아래 그림의 도용은 두 손으로 질나팔을 잡고 연주하는 모습이다. 붉은 채색은 탈색이 많다.

IV. 화상석에 나타난 기악의 모습

이 항목에서 설명하는 내용은 채영거(蔡英炬)가 주편한《중국화상석전집(中國畵像石全集)》1-8(2000, 산동미술출판사)에 의거한 것이다. '악무백희(樂舞百戱)'와 같이 단일 항목이 있으나 이는 지극히 드문 보기이다. '악기(樂伎), 백희(百戱), 기좌(跽坐)' '건고(建鼓), 악무(樂舞), 잡기(雜技)' 따위와 같이 대부분이 복합 항목이다. 더구나 이러한 이들 분류와 설명을 따르되, 본 항에 알맞다고 생각되는 범위에서 나누었기 때문에 임의적일 수밖에 없음을 밝혀둔다.

1. 악기(樂伎)·산악(散樂)·희극(戱劇)류

육-25-8[13] 당하전창(唐河電廠) 배알(拜謁), 악기(樂伎), 백희(百戱), 기좌(跽坐), 팔-213 수무석관(修武石棺) 잡극(雜劇),[14] 팔-214-5 수무석관(修武石棺) 산악(散樂)(국부국부 1·2), 팔-231-232 내황관음교(內黃觀音橋) 희극인물(戱劇人物)(1·2)

---

13) 육-25-28 여기서 '육'은《중국화상석전집(中國畵像石全集)》제6권이고, '25-28'은 그 책의 설명 순서이다. 이하 모두 같은 사례에 따른다.

14) '잡극'이 국부의 설명에서는 '산악(散樂)'으로 되어 있다.

악기는 음악과 재주를 동시적으로 보는 관점이고 산악은 음악 쪽에서 바라보는 관점이고 희극은 연극 쪽에서 바라보는 관점이다. 그러나 이들이 기악을 내용으로 한다는 점에서 포함시켰다.

[도판 23]은 '육-25-8 당하전창(唐河電廠) 배알(拜謁), 악기(樂伎), 백희(百戲), 기좌(跽坐)'이다. 그림이 네 면인 것은 배알·악기·백희·기좌를 나타낸다. 여기서 주목되는 것은 '악기'와 '백희'를 구별한 점이다. [도판 4]에서도 이런 구별이 확연하다.

네 폭은 서로 연관되어 있다. 주인과 손님이 악무백희를 감상하는 장면인 것이다. 오른편의 두 사람은 머리에 관을 쓰고 긴 도포를 입었다. 턱수염이 있고 꿇어앉았다. 이들이 당연히 주인과 하객이다. 그 왼편에 두 사람이 두 손에 홀을 잡고 공손하게 무릎 꿇고 경배하여 알현하는 장면이다. 사악기(四樂伎)는 모두 머리띠를 묶고 긴 옷에 꿇어앉았다. 한 사람은 질나팔을 잡고 연주하고, 세 사람은 땡땡이북을 흔들며 배소를 분다. 다른 다섯 사람은 한 사람이 단독으로 술통 위에 물구나무 서고 물건을 들고 절반은 쳐들었다. 한 사람은 상투를 높게 하고 소매를 흔들며 가벼이 끌며 일어나 춤을 춘다. 한 사람은 알을 가지고 놀며 한 사람은 북채를 잡고 북을 친다. 한 사람은 질나팔을 분다. 여섯 사람은 관리이다.

[도판 24]은 '팔-213 수무석관(修武石棺) 잡극(雜劇)'이다. 당시 잡극 즉 산악을 잘 알 수 있는 자료로 생각되어 넣기로 했다.

2. '악부백희(樂舞百戲)'류

삼-86 악무백희화상, 삼-147 차기출행(車騎出行), 배알(拜謁), 악무백희화상, 사-46 배회(拜會), 악무백희, 방직화상(紡織畵像), 사-

117 건고, 잡기화상, 사-230 백희도화상(百戱圖畵像), 사-240 악무백희화상, 육-39 당하풍군유인묘(唐河馮君孺人墓) 악무백희, 육-84-85 등현장총점(鄧縣長冢店) 악무백희, 육-115 남양사강점(南陽沙崗店) 백희, 연음(宴飮), 차기출행(車騎出行), 육-124 남양석교(南陽石橋) 악무백희, 육-152 남양왕장(南陽王莊) 악무백희, 육-165 남양와점(南陽瓦店) 악무백희(1), 육-166 남양칠공교(南陽七孔橋) 악무백희(2), 육-167 남양칠공교(南陽七孔橋) 악무백희(3)

[도판 25-26]은 '육-152 남양왕장(南陽王莊) 악무백희'와 '육-165 남양와점(南陽瓦店) 악무백희(1)'이다. [도판 25]의 악무백희는 높이가 40mm이고, 길이가 156mm이다. 한 여기(女伎) 1이 긴 소매를 휘두르고 비틀거리다가 일어나 춤추고, 한 남자는 머리에 면구(面具)를 쓰고, 붉은 맨몸의 상체는 골계희를 만들었다. 한 여자가 두 손을 땅을 짚고 엎디어 재주를 부린다. 오른쪽에는 오악기(五樂伎)를 새겼다. 왼편의 한 사람이 큰 거문고를 타고, 나머지 네 사람은 북채를 들고 휘두른다. [도판 26]의 악무백희는 중앙의 건고와 북 양쪽의 기인(伎人)이 관을 쓰고 긴 적삼과 큰 바지를 입었다. 양 손에 양 북채로 북을 치고 춤을 추었다. 1 사람은 머리 정상에 주발을 이고 한 손에는 술통에 엎디어 선다. 왼편에는 악기(樂伎)를 반주하며 두 사람 오른손은 북채로 말위의 북을 치고, 왼손은 배소를 쥐고 연주를 한다. 뒤에 있는 한 사람이 피리를 불고 있다.

[도판 27-28]은 '육-166 남양칠공교(南陽七孔橋) 악무백희(2)'와 '육-167 남양칠공교(南陽七孔橋) 악무백희(3)'이다. [도판 29-30] '육-84-85 등현장총점(鄧縣長冢店) 악무백희'이다. 이들 경우도 [도판 25-26]과 비슷하다.

3. 잡기(雜技)류

　이-48 건고, 악무, 잡기화상, 이-51 악무, 잡기, 인물화상, 이-92 잡기, 포주화상(庖廚畵像), 이-128 건고, 악무, 잡기화상, 이-188 건고, 악무, 잡기, 사-55 누각, 육박(六博), 잡기화상, 사-145 차기, 연음(宴飮), 잡기화상, 칠-26 내강암변산애묘(內江岩邊山崖墓) 악무, 잡기, 칠-105 장령2호석관(長寧二號石棺) 잡기, 포주, 음연, 칠-138 영천석관(永川石棺) 잡기도(雜技圖), 칠-164 벽산1호석관(壁山一號石棺) 파인무(巴人舞), 잡기, 칠-210 납계애묘석함(納溪崖墓石函) 잡기, 건축

　[도판 31]은 '이-188 건고·악무·잡기'이다. 이 그림돌은 새로가 86mm이고 가로가 130mm이다. 가운데에 북을 세우고 장대는 날개가 양쪽으로 바람에 날리는 모양이다. 두 사람이 북을 두드린다. 북의 왼쪽 1 사람은 거문고를 타고 1 사람은 물구나무를 서고 1 사람은 알을 가지고 놀며, 1 사람은 이를 구경하고 있다. 북의 오른쪽 나무 위에는 선인이 봉황에게 먹이를 주고 나무 아래 두 선인은 북을 두드리고 북의 상방에는 1뱀이 다섯 개의 머리와 사람 얼굴을 한 짐승으로 얽고 있다.

　아래의 그림도 위의 그림과 유사한 구도를 가지고 있다. 두 사람이 북을 누드리고 북 곁에는 악무와 잡기, 그리고 거문고 타는 사람, 피리부는 사람, 배소 부는 사람 왼쪽 가에 줄지어 앉아 있다. 오른쪽 가에는 1 사람이 굴레를 돌리고 1 사람은 물구나무 서고, 1 사람은 춤을 춘다. 그 외에는 사람들이 구경을 하고 양쪽에 개가 한 쌍 있다.

그림 상으로 위에는 흰 토끼가 봉황에게 먹이를 주는 선인이 새겨져 있다.

[도판 32]은 '칠-138 영천석관 잡기'이고, [도판 33]은 '장령2호 석관 잡기'이다. [도판 34]는 '칠-145 차기(車騎)·연음(宴飮)·잡기'와 '칠-55 누각·육박(六博)·잡기'이다. 이들도 [도판 31]과 비슷한 양상이다.

결론적으로 이들 그림들은 건고, 악무, 잡기 등 기악의 요소가 곁들여진 그림인 셈이다.

4. 악무(樂舞)류

이-38 건고, 악무, 포주화상, 이-47 정(亭), 인물(人物), 악무화상(樂舞畵像), 삼-5 악무, 차기출행화상, 삼-7 악무, 영빈화상(迎賓畵像), 삼-8 악무, 차기출행화상, 삼-141 주공보성왕(周公輔成王) 악무화상, 사-13 포주, 악무화상, 육-11 당하침직창(唐河針織廠) 악무, 육박

[도판 35]는 '삼-7 악무, 영빈화상'이다. 가로가 48mm이고 세로가 252.5mm이다. 2층으로 구성되어 있다. 위층은 악무의 그림이다. 왼쪽에는 주인이 단정히 앉아 있고 시자가 편면(便面)을 잡고 시원하게 부치는 부채로 삼고 있다. 2 사람이 긴 소매 춤을 추고, 1 사람이 격고를 치고, 3 사람이 배소를 불고, 1 사람이 질나팔을 분다. 1 사람이 풍경(風磬)을 치는 모습이다.

[도판 36]은 '삼-8 악무, 차기출행화상'이다. 상하층인데, 상층이 악무에 해당된다. 1 사람이 물구나무 서 북을 치고, 오른쪽에는 각각

피리(竽) · 배소 · 질나팔을 부는 악대와 잡기가 이루어진다.

5. 기타류

일-113 손씨궐화상(孫氏闕畵像), 사-1(永平4年畵像), 사-32 정원(庭院), 연음화상(宴飮畵像), 사-172 도평3년하백출행(燾平三年河伯出行), 연악(宴樂), 방직화상(紡織畵像)

[도판 37]은 '일-1-3 손씨궐화상(孫氏闕畵像)'이다. 여기서 동한 장제 원화2년은 AD 85이다. 크기는 가로가 180mm이고, 세로가 50-70mm이며 옆면 세로 18mm이다. 1965년 2월 산동성 거남현(莒南縣) 북원진동람돈촌(北園鎭東藍墩村)에서 출토되었다. 현재 산동성 석각예술박물관에 소장되어 있다.

중앙의 화상은 4층 구성이다. 제1층은 배알, 건고, 도립기(倒立伎), 다두인면수(多頭人面獸), 어별(魚鼈)과 2인 도수(徒手) 격투, 제2층은 기자(騎者), 제3층은 1인이 뛰는, 긴 소매 춤, 2인 도금(撫琴), 격박(擊拍) 반주(伴奏), 4층은 4인의 대읍(對揖)이다. 측면에 대한 설명을 생략하기로 한다. [도판 38]은 특히 방직(紡織)과 관련되어 있어서 주목을 끈다.

여기서 배알, 건고, 잡기(倒立伎), 악무(2인의 거문고 타기와 1인이 뛰는, 긴 소매 춤)은 다른 기악의 모습으로 해석된다. 특히 많은 머리를 가지고 사람 얼굴을 가진 짐승과 어별의 모습은 가면을 쓴 것이 아닐까?

V. 화상전에 나타난 기악의 모습

이 항목에서 설명하는 내용은 후영(侯榮) 수산천(隋山川)이 편집한 《중국화상전전집(中國畵像磚全集)》(2006, 사천미술출판사)에 의거한 것이다. 화상전(畵像磚)에는 '기악(伎樂)'이란 용어로 설명된 것은 없다. 다만 '악기(樂伎)'라고 제목을 붙인 화상전이 한 사례를 보인다. 그런데 '악무백희(樂舞百戲)' '악무골희(樂舞滑戲)' '건고무(建鼓舞)' '악금악무(撫琴樂舞)' '연음(宴飮)' 혹은 '연락(宴樂)' 따위의 제목이 붙은 화상전의 설명에서 '기(伎)'로 표현된 것들은 그 숫자가 적지 않다. 몇 가지 사례를 소개하고자 한다.

1. '악기(樂伎)' '악무골계(樂舞滑稽)' 잡기(雜技)류

하남-119 악기화상전(동한), 하남-105 악무골계화상전(동한), 사천-101 잡기화상전(동한), 사천-102 잡기화상전(동한)

[도판 39]는 '하남-119 악기화상전(동한)'이다. 삼악기(三樂伎)인데, 왼편의 한 남기(男伎)는 피리[龠]를 분다. 피리는 위로 날개로 꾸며져 있다. 두 여기(女伎)는 머리를 상투를 하고 비녀를 꽂았다. 짧은 저고리에 긴 치마를 입었다. 중간의 한 여기(女伎)는 큰 거문고를 타고 오른편의 여기는 작은 거문고를 타고 있다. 악기 앞에는 한 술병과 세 개의 잔이 놓여 있다.

[도판 40]은 '하남-105 악무골계화상전(동한)'이다. 1 무기(舞伎)가 긴 소매를 움직여 흔들며 칠반무(七盤舞)를 추고 있다. 1 배우가

골계를 표현하고 곁에는 2악기(二樂伎)가 꿇어앉아 반주한다. 그 가운데 한 사람은 북을 치고 다른 사람은 거문고를 탄다.

2. '악무백희(樂舞百戱)'류

하남-97 사조(射鳥)·악무백희화상전(동한), 하남-99 사조(射鳥)·악무백희화상전(동한), 기타-144 악무백희화상전(동한)

[도판 41]은 '기타-144 악무백희화상전(동한)'이다. 새로가 35mm이고 가로가 36mm이다. 악대가 종을 치고 배소를 불고 질나팔을 불며 땡땡이북[鼗鼓]을 치고 있다.

[도판 42]는 '하남-97 사조(射鳥)·악무백희화상전(동한)'이다. 새로가 115mm이고, 가로가 23mm이다. 한 무기1(舞伎)는 긴 소매를 던지며 흔들고 노파가 일어나 춤을 춘다. 한 배우가 상체를 벗고 짧은 바지를 입고 배를 불록하게 하고 엉덩이를 들어올린다. 왼 변의 3악기(三樂伎) 가운데 한 사람은 손뼉을 치고 한 사람은 거문고를 타고, 한 사람은 피리를 분다.

3. '건고무(建鼓舞)'와 '연락(宴樂)' 및 '연음(宴飮)'류

하남-116 건고무화상전(동한), 사천-142 육박(六博)과 반고무화상전(盤鼓舞畵像磚)(동한), 사천-90 연락화상전(동한), 사천-92 연음화상전(동한), 기타-48 연락화상전(동한)

[도판 4]은 '하남-116 건고무화상전(동한)'으로 기악의 편제를 아

는 데 주요한 자료라고 생각된다. 앞에서 설명했기 때문에 여기서는 생략하기로 한다. 특히 건고가 우리나라 솟대와는 어떤 관계가 있는지 시사점을 주는 대목이 아닐 수 없다.

4. '악무(樂舞)'류

하남-31 문궐(門闕)·악무(樂舞)·초차(軺車)·기사화상전(騎射畵像磚)(서한 만기-동한 조기), 하남-38 문궐(門闕)·악무(樂舞)·기사(騎射)·초차(軺車)·포수(鋪首畵像磚)(서한 만기-동한 조기) 하남-39 문궐(門闕)·초차출행(軺車出行)·기사(騎射)·악무(樂舞)·포수(鋪首畵像磚)(서한 만기-동한 조기), 하남-96 궐(闕)·악무화상전(동한), 사천-93 무금무악화상전(撫琴舞樂畵像磚)(동한), 사천-103 악무화상전(육조)

[도판 44]은 '사천-93 무금무악화상전(撫琴舞樂畵像磚)'이 그 자료이다. 세로가 49mm이고 가로가 27.5mm이다. 4 사람이 새겨졌는데, 왼쪽에 두 여인이 있다. 한 여인은 긴 소매에 긴 옷을 입고 두 손에는 긴 소매를 놀리는 춤을 추었다. 한 여인은 짧은 소매에 긴 옷을 입고 두 손에는 각각 작은 건을 쓰고 춤을 추었다. 오른쪽에는 두 여인이 모두 땅에 자리잡고 앉았는데, 한 여인은 거문고를 타고 한 여인은 이를 감상하고 있다. 자리 앞에는 책상과 도자기가 놓여 있다.

6. 기타류

하남-118 칠반화상전(七盤舞畵像磚)(동한), 사천-91 장수무화상전

(長袖舞畵像磚)(동한)

[도판 45]는 '하남-118 칠반화상전(七盤舞畵像磚)'이다. 그림 가운데 무기(舞伎)가 머리에 빗을 꽂고 마고자를 입었다. 몸은 허리를 묶었으며 그 사이에는 버들잎 모양의 수식이 있다. 다른 남자 배우는 무릎을 꿇고 두 어깨를 펴고 얼굴을 들어 여기(女伎)와 바라보았다. 이것은 배무(配舞)가 된다. 곁에는 술(酒奠)과 솥이 놓여 있다.

Ⅵ. 결론

지금까지 도용, 그림돌〔畵像石〕, 그림벽돌〔畵像磚〕을 대상으로 살펴본 바로 기악은 종합 예술인 듯하다. 그리고 '기악(伎樂)'이란 용어는 동한 시기만 쓰였고, 뒤로 '악기(樂伎)'로 쓰였으나 규모면에서 축소되었다. 소위 '기악'이 일본 방식으로 '가면극'이라면, 골계 담당자가 여기에 속할 듯하다. 골계는 기본적으로 배를 불룩하게 하고 엉덩이를 들고 상체는 벗은 채로 넓은 바지를 입었다. 우스꽝스러운 모습을 연출한 것이다.

가면과 관련하여서는 [도판 25]의 '악무백희'에서 '한 남자는 머리에 면구(面具)를 쓰고, 붉은 맨몸의 상체는 골계희를 만들었다'는 부분일 것이다. 또한 [도판 35]에서 주인 옆의 시자가 편면(便面)으로 부채질을 하는데, 이것이 가면이 아닐까 추측해 본다. 즉 '면구'와 '편면'이 가면이라고 생각이 든다.

그런데 도용을 보면, 몸과 아래에 구멍을 뚫은 것들이 등장한다. 모든 도용이 구멍이 뚫렸다면 모르거니와 일부만이 그렇다. 혹은 인형을 조정하기 위한 것이 아닐까 생각도 든다. 도용은 실제적인 기악을 모델로 했기 때문에 '인형극'의 흔적일 수도 있지 않을까 한다. 앞으로의 천착이 필요할 것이다.

참고 문헌

공주대학교 전자도서관〉한국학DB
서한범(2000) 개정판 국악통론 태림출판사
兪凉亘, 周立 주편(2005)《洛陽陶俑》北京圖書出版社
李惠求(1957) 韓國音樂硏究 國民音樂硏究會
蔡英炬 주편(2000)《中國畵像石全集》1-8, 山東美術出版社
한국민속대백과사전
侯榮, 隋山川 편(2006)《中國畵像磚全集》: 四川漢畵像磚, 四川美術出版社
侯榮, 隋山川 편(2006)《中國畵像磚全集》: 全國其他地區畵像磚, 四川美術出版社
侯榮, 隋山川 편(2006)《中國畵像磚全集》: 河南畵像磚, 四川美術出版社
http://deluxe.britannica.co.kr

[도판 1] 연사북오 기악

[도판 2] 간서 1 기악

간서 2 기악

[도판 3] 둥북교 기와

[도판 4] 한 나라의 연락화상전

[도판 5] 무용과 골계용

[도판 6] 잡기용

[도판 7] 악용

[도판 8] 취소용

[도판 9] 취훈용

[도판 10] 취주용

[도판 11] 무용

[도판 12] 포복용

[도판 13] 골계용

[도판 14-15] 무용 1·2

[도판 16] 채회 남용

[도판 17] 잡기용

[도판 17] 잡기용

[도판 18] 무용

[도판 19] 골계용

[도판 20-21] 무슬용 1 · 2

[도판 22] 취주용

[도판 24] 수석석관 잡극

[도판 25-26] 남양왕장과 남양와점 악무백희 1 · 2

[도판 27-28] 남양칠공교의 악무백희 3 · 4

[도판 29-30] 등현장충점 악무백희 5 · 6

[도판 31] 건고, 악무, 잡기

[도판 32-33] 영천석관과 장령2호석관 잡기

[도판 34] 차기 · 연기 · 잡기와 누각 · 육박 · 잡기

[도판 35-36] 악무 · 영빈화상, 악무 · 차기출행화상

[도판 37] 손씨궐화상

[도판 38] 도평 3년과 방직

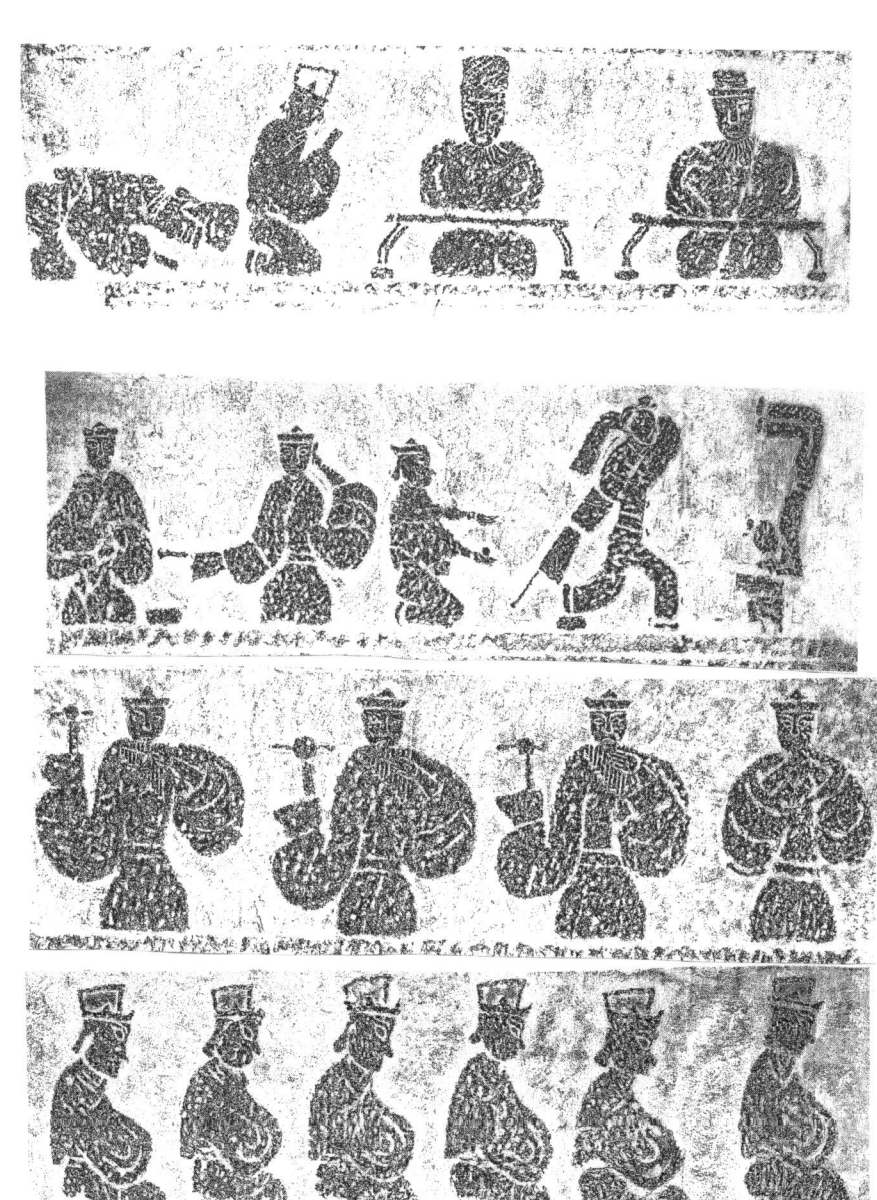

[도판 23] 당하전창 배알, 악기, 백희, 기좌

[도판 39] 악기전(樂伎磚)

[도판 40] 악무골계전

[도판 41] 악무백희전

[도판 42] 사조 악무백희전

[도판 43] 건고무전

[도판 44] 악무 잡기 장수무전

[도판 45] 칠반화상전

문예신서
338

백제기악

초판발행 : 2007년 5월 10일

東文選
제10-64호, 78. 12. 16 등록
110-300 서울 종로구 관훈동 74번지
전화 : 737-2795

편집설계 : 李姃昊

ISBN 978-89-8038-604-8 94680

東文選 文藝新書 85

禮의 精神

柳 肅 지음
洪 憙 옮김

　이 책에서 다루고 있는 〈예〉는, 현재 의미상의 문명적인 예의 뿐만 아니라 사회의 도덕가치·민족정신·예술심리·풍속습관 등 여러 방면에 이르는 극히 넓은 문화적 범주를 뜻한다.
　〈예〉는 인류 문명의 자랑할 만한 많은 것들을 창조하였지만, 동시에 후인들로 하여금 지금까지 내던져 버리기 어려운 보따리를 짊어지게 하였다고 전제하고, 어떻게 하면 이 둘 사이에서 적합한 문명 발전의 길을 찾느냐를 모색하고 있다.
　정신문화상으로는 동양의 오랜 문명과 예의를 가지며, 물질문화상으로는 서양의 선진국가를 초월하여 동서양 문화의 성공적인 결합을 이루고자 함에 있어 그 정신을 다시 한번 되짚는다.
　또한 이 책은 〈예〉라는 한 각도에서 그 문화적인 심층구조와 겉으로 드러난 형태 사이의 관계를 논술하면서 통치자인 군주의 도덕윤리적 수양을 비롯하여, 일반 평민의 가족관계를 유지하고 사회의 안정을 유지하는 기초적인 조건에 이르기까지 저마다 자각하고 준수해야 할 도덕규범을 민족정신과 문화현상을 통해 비교분석하고 있다.

　【주요 내용】禮의 기원과 작용 / 예의 제도와 禮樂의 교화 / 예와 중국의 민족정신 / 예악과 중국의 정치 / 국가와 가정 / 예의 권위 / 체제와 직능 / 윤리화된 철학 / 조상 숭배와 천명사상 / 儒學의 연원 / 예의 반란 / 종교감정과 현실이성 / 신화와 전통 / 士官의 문화와 巫祝의 문화 / 美와 善의 합일 / 詩敎와 樂敎 / 예의 형상 표현 / 정치윤리 / 집단주의 / 여성의 예교와 여성의 정치 / 예의의 나라 / 윤리강령의 통속화 / 가족과 정치 / 예악의 문화 분위기 / 민족정신의 확대 / 정치적 곤경

東文選 文藝新書 72

초문화사

장정밍 / 남종진 옮김

고대의 중국 문화는 다원복합적인 것으로 그 주체가 되는 화하華夏 문화에 대해 말하자면 이원복합적이다. 여기에서 '이원'이란 간단히 말해서 북방 문화와 남방 문화를 의미한다. 만약 춘추 전국 시대로 한정짓는다면 황하 중·하류 문화와 장강 중·하류 문화를 가리킨다. 북방은 산천이 웅장하고, 남방은 경치가 아름답다. 초楚는 남방의 표준이다. 황제黃帝의 신성함과 염제炎帝의 광괴狂怪함 가운데 초민족은 염제 계통에 속한다. 용龍은 위엄 있고 씩씩하여 왠지 두려움을 느끼게 되고 봉鳳은 빼어나고 아름다워 가까이할 만한데, 초는 용을 억누르고 봉을 발양하였다. 유가儒家는 윤리를 중시하고 도가道家는 철리哲理를 중시하였는데, 초는 도가의 고향이다. 《시경詩經》은 바르면서도 꽃과 같고 초사楚辭는 독특하면서도 고운데, 초는 초사의 온상이다.

예로부터 중국의 고대 문화를 논하는 사람들은 대부분 북방을 중시하고 남방을 경시하였으며, 황하를 중시하고 장강을 경시하였다. 또 황제를 중시하고 염제를 무시하였으며, 용을 중시하고 봉을 경시하였으며, 유가를 중시하고 도가를 경시하였다. 따지고 보면 그래도 초사만이 《시경》에 필적할 수 있었을 뿐이다. 그러나 초사는 많은 비난 또한 함께 받아 온 반면 《시경》은 예로부터 찬양만을 받아 왔다.

초문화가 처음 그 모습을 드러냈을 당시에는 중원中原 문화의 말류와 초만楚蠻 문화의 잔영이 뒤섞인 것에 지나지 않아 특색도 두드러지지 않고, 수준 또한 높지 못하여 관심의 대상조차 되지 못했다. 춘추 중기는 초문화가 풍운을 만난 시기로, 이때부터 초문화는 새로운 면모를 드러내면서 중원 문화와 각축을 벌였고, 마침내는 우세한 자리를 차지하게 되었다. 이러한 융합, 성장, 발흥, 전화의 과정에 나타난 문화 발전의 법칙은 자못 흥미롭다.

東文選 文藝新書 74

본국검(本國劍)

海帆 金光錫 著

조선 검법의 이론과 실기의 교과서
  본서는 무예의 기본 원리인 〈안법眼法〉·〈수법手法〉·〈신법身法〉·〈보법步法〉은 물론 검법의 기본원리인 〈파법把法〉·〈배수配手〉·〈연법 순서〉·〈격자격세법擊刺格洗法〉·〈육로도법六路刀法〉을 상세히 공개한 국내 최초의 무예서이다.
  또한 〈본국검本國劍〉·〈예도銳刀〉·〈쌍수도雙手刀〉·〈제독검提督劍〉·〈쌍검雙劍〉·〈월도月刀〉·〈협도挾刀〉 등의 실기를 동작그림으로 도해하고 있는 바, 《무예도보통지》에 따른 검법劍法과 도법刀法의 이론을 겸한 실기도해實技圖解라는 점에서는 최초의 시도라 할 만하다.
  부록에는 〈내장內壯 외용外勇〉·〈무언武諺〉과 참고자료로서 《무예제보武藝諸譜》의 〈검보劍譜〉, 《무비지武備志》의 〈조선세법朝鮮勢法〉 및 《무예도보통지》의 각 〈검법〉의 원보를 그대로 실었다.
  〈내장 외용〉은, 검법 연습에 기초가 되는 기본공基本功의 훈련을 내장세內壯勢와 외용세外勇勢로 나누어 순서를 잡아 설명한 것이다.
  〈무언〉은 역사적 슬기를 담은 일상생활 속의 속담과 마찬가지로 무예계에 전하고 있는 속어俗語인데, 짧은 어구語句이지만 무예의 기본정신과 나아가서는 수련의 방법까지를 일러 주는 것이니, 무예인 누구나 가까이 좌우명座右銘으로 삼을 만한 것들이다.
  무예의 연마는 바로 무한한 자기 수양이요, 나아가서 그러한 과정을 거쳐 터득된 무예는 바로 예술이라 할 수 있다.
  기격미技擊美와 기예미技藝美가 조화된 율동미와 자연미, 강인하면서도 유연한 강유상제剛柔相濟의 고매한 묘를 얻게 되어 끝내는 성품을 닦고 덕성을 기르게 되어 인격도야는 물론이요, 민족정신을 배양하는 첩경이다.

東文選 文藝新書 77

권법요결(拳法要訣)

海帆 金光錫 著

우리 무예의 체통을 찾는 이론적 지침서

본서는 조선 정조의 명으로 편찬된《무예도보통지武藝圖譜通志》에 실린 18가지 무예, 즉〈십팔기十八技〉기 중〈권법拳法〉항목을 해제하였다.
흔히 중국무술로 오인받고 있는〈십팔기〉는 조선 무예의 정형으로서 영조 때 사도세자가 섭정할 때〈본국검本國劍〉·〈월도月刀〉·〈장창長槍〉·〈기창旗槍〉·〈당파鏜鈀〉·〈협도挾刀〉·〈쌍검雙劍〉…… 등 18가지 무예에 붙인 이름으로 나라의 무예로서, 진정한 의미에서의〈국기國技〉라 할 수 있다. 본서는 그중에서 모든 무예의 기본이 되는〈권법〉에 대한 이론과 실기를 동작그림과 함께 상세히 설명하고 있다.
주요 내용으로는〈삼절법三節法〉·〈심법心法〉·〈안법眼法〉·〈수법手法〉·〈신법身法〉·〈보법步法〉·〈오행五行〉·〈경론勁論〉·〈내공內功〉등에 대한 이론과 수련법이 실려있다.
특히〈경론勁論〉에서는〈경경과 역력의 차이점〉〈경경의 분류〉〈점경粘勁〉〈화경化勁〉〈나경拿勁〉〈발경發勁〉〈차경借勁〉을 다루고 있는데, 역력과 경경의 차이점을 들어 연마와 내적 수련의 힘이 어떤 것인가를 설명하고 있다. 무예인들에게는 더할나위 없이 귀중한 이론들이다.
또한 조선시대 기인인 북창北窓 정렴 鄭磏 선생이 남기신 비결서〈용호비결龍虎秘訣〉의 수행법 전문을 최초로 공개하여 해설하고 있다.